頻出論点別

税務調査をみすえた

エビデンスの作り方・残し方

見ながら書ける
サンプル書面つき

弁護士 西中間 浩 著

はじめに

本書の目的は，税務調査に備え，どのような種類のエビデンスを，どのような記載内容で残すのが効果的なのかを，実務上よく遭遇する場面を中心に，具体的に明らかにすることにあります。

この種の書籍は類書が多数存在しますが，筆者は税務専門弁護士（タックスロイヤー）ゆえ，以下の点で独自性のあるものとなるように努めました。

・法的三段論法（課税要件事実）を意識したものとする。
・税法のみならず民商法の視点も織り込む。
・裁判実務（実際の裁判でのエビデンス評価）も分析する。

そのため，単なるエビデンス作成のための参考書としてだけではなく，法的思考力（リーガルマインド）を養い，税務調査でよく問題となる論点における現在の裁判実務を知る上でも有益なものとなっているものと自負しています。

また，納税者や税理士・弁護士等のエビデンス作成業務を担当する方々が実務上活用しやすいように，法人税法を中心に具体的な場面・論点ごとの分析を行い，その際，できるだけ多くのサンプル書面を提示するよう心掛けました。

一人でも多くの実務担当者・税理士や弁護士等の士業の方々，税法を学ばんとする方々に手にとっていただき，役立てていただけると幸甚です。

なお，一般的に「エビデンス」とは証拠のことを指しますが，証拠といった場合，法律用語としては，それが用いられる場面に応じて，裁判等での事実の「証明」（合理的な疑いをさしはさまない程度に真実らしいと確信を抱かせること）に用いられる「証拠」と，事実の「疎明」（一応真実らしいとの推測を抱かせること）に用いられる「疎明資料」に区別することができます。

本書では，これを特に区別せずに，「証拠」と「疎明資料」を含んだ広い意味での証拠を指して「エビデンス」といった用語を使用することとします。

令和５年２月　西中間　浩

目次

はじめに

第1部　エビデンスの作成上の留意点

第1章　法人税法

Ⅰ　基本書類

1　法人の法的状況を示す書類 ………………………… 2

＜書式サンプル＞
- 定款
- 株主名簿
- 経理規程

2　事業内容のわかる書類 ………………………… 15

（1）事業概要 ………………………… 15
（2）取引内容 ………………………… 15
（3）意思決定内容 ………………………… 16
（4）社内体制 ………………………… 18

＜書式サンプル＞
- 稟議書

3　帳簿と証憑 ………………………… 19

Ⅱ　指摘の多い事項

1　売上 ………………………… 21

（1）売上計上基準 ………………………… 21

（2）売上除外 …… 21

2 原価ないし費用 …… 23

（1）期末未確定の売上原価等 …… 23
（2）販管費等 …… 25

3 仕入・棚卸資産 …… 27

4 減価償却 …… 29

5 貸倒損失 …… 30

（1）貸倒損失の税法上の取扱いと証拠書類 …… 30
（2）貸倒損失の通達上の取扱いと証拠書類 …… 32

＜書式サンプル＞
・稟議書（金銭債権に係る貸倒処理に関する件）

6 給与と外注費（請負・委任） …… 41

＜書式サンプル＞
・準委任契約

7 転籍・出向者に対する給与等 …… 45

（1）出向の実態 …… 45
（2）出向先による給与負担金等 …… 48
（3）出向元による補塡給与 …… 49

＜書式サンプル＞
・出向契約書

8 決算賞与 …… 50

＜書式サンプル＞

・取締役会議事録（使用人への決算賞与の支給）
・賞与支給通知書

9　役員給与・退職金 …………………………………………………… 53

（1）定期同額給与 ……………………………………………………… 55
（2）事前確定届出給与 ………………………………………………… 71
（3）退職給与 …………………………………………………………… 74
（4）不相当に高額な役員給与 ………………………………………… 81
（5）不相当に高額な退職給与 ………………………………………… 86

＜書式サンプル＞
・定時株主総会議事録（取締役の報酬額）
・取締役会議事録（取締役の報酬額）
・監査役報酬決定書（監査役が一人の場合）
・取締役会議事録（代表取締役が急逝した場合）
・取締役会議事録（取締役報酬額改定）
・取締役の減額同意書
・臨時株主総会議事録（退職慰労金支給の一任決議）
・取締役会議事録（退職慰労金支給額等の決定）

10　交際費・飲食費・会議費・福利厚生費 ……………………………… 89

（1）交際費等 …………………………………………………………… 89
（2）接待飲食費 ………………………………………………………… 95
（3）会議費 ……………………………………………………………… 100
（4）福利厚生費 ………………………………………………………… 102
（5）情報提供料 ………………………………………………………… 105
（6）従業員等のリベートの受領 ……………………………………… 109

＜書式サンプル＞
・役員交際費規程
・経費精算書（交際費／情報提供料）
・接待飲食費使用伺書
・飲食費精算書
・領収書

・会議実施報告書
・稟議書（福利厚生費）
・福利厚生事業実施報告書
・情報提供に関する契約書
・支払通知書

11　価格決定プロセス（寄附金） …… 110

12　固定資産除却損 …… 111

（1）建物・構築物等の取り壊し …… 111
（2）有姿除却 …… 113
（3）ソフトウエアの除却 …… 115

＜書式サンプル＞
・稟議書（実際に廃棄する場合／有姿除却／ソフトウエアの除却）

13　修繕費と資本的支出 …… 118

（1）（税務上の）修繕費 …… 118
（2）資本的支出 …… 118
（3）判断基準 …… 119

＜書式サンプル＞
・稟議書（消費税率変更に伴うバージョンアップ 修繕費／補修工事 修繕費）

14　上場有価証券評価損 …… 122

＜書式サンプル＞
・評価損の損金算入基準
・稟議書（損金算入基準の制定／損金算入実施）

III　同族会社特有の問題

1　同族会社間取引 …… 132

2　非上場株式の譲渡 …… 133

（1）譲渡価格は適正か …… 133
（2）譲渡の時期 …… 133
（3）受取配当金の益金不算入割合 …… 134

3　無利息・低利貸付け …… 135

（1）会社が貸主となる場合 …… 135
（2）子会社等を再建する場合の無利息貸付け等 …… 137
（3）会社が借主となる場合 …… 145

＜書式サンプル＞
・金銭消費貸借契約書　親会社から子会社への貸付け
・取締役会議事録（貸付側　合理的な再建計画に基づく無利息貸付け／借主側　無利息借入の場合）

Ⅳ　アグレッシブな節税

1　組合員 …… 146

2　行為計算否認 …… 148

（1）組織再編に係る行為計算否認 …… 148
（2）同族会社の行為計算否認 …… 149

第2章　その他の税目

Ⅰ　国際課税

1　恒久的施設（PE） …… 150

2　国外勤務手当（非課税） …… 152

3　タックス・ヘイブン ……………………………… 153

4　移転価格 ……………………………… 154

Ⅱ　所得税

【所得区分】

1　組合事業 ……………………………… 156

（1）認定された事実 ……………………………… 156

（2）事実の法的評価及びあてはめ ……………………………… 157

2　事業所得と給与所得 ……………………………… 158

3　退職所得 ……………………………… 160

4　一時所得と雑所得 ……………………………… 163

5　一時所得と譲渡所得 ……………………………… 164

【課税単位】

1　親子による事業経営 ……………………………… 166

2「生計を一にする」親族への事業従事対価 ……………………………… 169

Ⅲ　相続税・贈与税

1「居住」 ……………………………… 171

2　事業承継税制 ……………………………… 173

＜書式サンプル＞
・事業承継税制を活用するための手続き等に関する業務委託契約書
・上記業務委託契約の締結に伴う確認書及び承諾書

3　贈与時の留意点 …… 179

第2部　税務調査に効果的なエビデンスとは？

Ⅰ　税務調査に効果的なエビデンスとは？ …… 182

（1）税務調査の目的 …… 182
（2）法的三段論法を意識することの重要性 …… 182
（3）当局側の立場を理解する …… 190

Ⅱ　エビデンス作成上の注意点 …… 192

（1）立証趣旨の明確化 …… 192
（2）課税要件が不明確な場合には一定のリスクがあることを認識する …… 192
（3）できるだけ証明力の高いエビデンスの作成 …… 193
（4）法定書面では根拠法規の要件もきちんと守り法律行為の無効化を防ぐ …… 194
（5）税務上の効果を意識した記載内容とすること …… 211

＜書式サンプル＞
・定時株主総会議事録
・みなし株主総会提案書
・みなし株主総会　各株主の書面による同意書
・みなし株主総会議事録
・取締役会議事録
・みなし取締役会決議　提案書
・みなし取締役会決議　各取締役の同意書
・みなし取締役会決議　各監査役の確認書・同意書
・みなし取締役会議事録

Ⅲ　エビデンス提出のタイミング ……………………………………… 212

第 1 部

エビデンスの作成上の留意点

第１部では法人税を中心に税務調査でよく問題となる具体的な場面・論点ごとに，エビデンスの作成上の留意点等につき，サンプル書面を提示しながら，述べていきたい。

第1章

法人税法

I　基本書類

法人税調査では，調査先の法人の法的な状況や事業内容の概況をつかみ資金の使い道や問題点の端緒を探るため，基本書類として以下の書類の提出を冒頭で求められることが多い。また，調査の最も直接的な対象となる帳簿や証憑も冒頭で提出が求められる。

他方，メール文書やファックス記録，担当者手控え等は調査の展開次第で特定の取引に係るものに限って開示が求められることになる。

1　法人の法的状況を示す書類

- 定款
- 法人登記簿
- 株主名簿
- 社内規程（経理規程，決裁委任規程，事務分掌規程など）
- 議事録

定款　サンプル

株式会社　○○○○

定　　　款

令和○○年○月○日　　施行
令和○○年○月○日　　改訂（第○条）

第１章　総　　則

（商　号）
第１条　当会社は，株式会社○○○○と称する。

（目　的）
第２条　当会社は，次の事業を営むことを目的とする。
1．○○○○
2．○○○○
3．前各号に附帯する一切の業務

目的外の事業を行っていないか，全く行っていない事業が記載されたままとなっていないか，それほど神経質になる必要はないが，実態とあまりにずれた記載となっている場合には，法的な管理がずさんな法人ではないか，ひいては経営や経理の面でもずさんなのではないかといった疑念を抱かれかねないため，実態に沿った記載となるよう事業目的については定期的なメンテナンスを行っておきたい。

（本店の所在地）
第３条　当会社は，本店を○○県○○市に置く。

（機　関）
第４条　当会社は，株主総会及び取締役のほか，次の機関を置く。
　１　取締役会
　２　監査役

（公告方法）
第５条　当会社の公告は，官報に掲載する方法により行う。

第２章　株　　式

（発行可能株式総数）
第６条　当会社の発行可能株式総数は，○○○株とする。

（株券の発行）
第７条　当会社の株式については，株券を発行しない。

現在の会社法制では株券を発行するメリットはほとんどなく，紛失リスクといった管理面でのデメリットしかないため，株券発行会社のままとなっている場合には，早急に不発行会社となるよう定款変更を行っておきたい。

（株式の譲渡制限）
第８条　当会社の株式を譲渡により取得するには，取締役会の承認を受けなければならない。

（相続人等に対する株式の売渡請求）
第９条　当会社は，相続その他の一般承継により，当会社の株式を取得した者に対し，当該株式を当会社に売り渡すことを請求することができる。

同族会社の安定的な経営のためには必ず設けておきたい規定である。

（名義書換）
第10条　株式取得者が，株主名簿記載事項を株主名簿に記載又は記録するには，当会社所定の書式による請求書に，その取得した株式の株主として株主名簿に記載又は記録された者又はその相続人その他の一般承継人及び株式取得者が署名又は記名押印し，共同して請求しなければならない。ただし，次の場合は，株式取得者が単独で請求することができる。
①　株式取得者が，取得した株式の株主として株主名簿に記載又は記録された者又はその相続人その他の一般承継人に対し，株主名簿記載事項を当会社に記載又は記録すべきことを命じた確定判決を提出して請求するとき
②　株式取得者が，上記①の確定判決と同一の効力を有するものの内容を証する書面その他の資料を提出して請求するとき
③　株式取得者が，取得した株式の株主として株主名簿に記載又は記録された者の相続人であって，これを証する書面を提出して請求するとき
④　その他会社法施行規則22条１項各号に定めるとき

（質権の登録及び信託財産の表示）
第11条　当会社の株式について質権の登録又は信託財産の表示を請求するには，当会社所定の書式による請求書に当事者が署名又は記名押印し，共同で請求しなければならない。その登録又は表示の抹消についても同様とする。

（手数料）
第12条　前２条に定める請求をする場合には，当会社所定の手数料を支払わなければならない。

（株主の住所等の届出）
第13条　株主及び登録株式質権者又はその法定代理人若しくは代表者は，当会社の所定の書式により，その氏名又は名称・住所及び印鑑を当会社に届け出なければならない。これらを変更した場合も同様とする。
２　当会社に提出する書類には，前項により届け出た印鑑を用いなければな

らない。

（基準日）

第14条　当会社は，毎年3月末日の最終の株主名簿に記載又は記録された議決権を有する株主をもって，その事業年度に関する定時株主総会において権利を行使することのできる株主とする。

2　前項のほか，株主又は登録株式質権者として権利を行使すべき者を確定するために必要があるときは，取締役会の決定をもって，臨時に基準日を定めることができる。ただし，この場合には，その日を2週間前までに公告するものとする。

（株式取扱規程）

第15条　当会社の株主の権利行使，株式及び新株予約権に関する手続き及び手数料は，法令又は本定款のほか，取締役会において定める株式取扱規程による。

第3章　株　主　総　会

（招　集）

第16条　当会社の定時株主総会は毎年5月にこれを招集し，臨時株主総会は必要あるときに随時これを招集する。

（定時株主総会の基準日）

第17条　当会社の定時株主総会の議決権の基準日は，毎年3月31日とする。

（招集権者及び議長）

第18条　株主総会は，取締役社長が招集し，議長となる。

2　取締役社長に事故があるときは，取締役会においてあらかじめ定めた順序に従い，他の取締役が株主総会を招集し，議長となる。

（決議の方法）
第19条　株主総会の決議は，法令又は本定款に別段の定めがある場合を除き，出席した議決権を行使することができる株主の議決権の過半数をもって行う。
2　会社法第309条第2項の定めによる決議は，議決権を行使することができる株主の議決権の3分の1以上を有する株主が出席し，その議決権の3分の2以上をもって行う。

（議決権の代理行使）
第20条　株主は，当会社の議決権を有する他の株主1名を代理人として，議決権を行使することができる。
2　株主又は代理人は，代理権を証明する書面を株主総会ごとに当会社に提出しなければならない。

第4章　取締役，取締役会，代表取締役及び監査役

（員　数）
第21条　当会社の取締役は○○名以内とする。

（選任方法）
第22条　取締役は，株主総会において選任する。
2　取締役の選任決議は，議決権を行使することができる株主の議決権の3分の1以上を有する株主が出席し，その議決権の過半数をもって行う。
3　取締役の選任決議は，累積投票によらないものとする。

（任　期）
第23条　取締役の任期は，選任後1年以内に終了する事業年度のうち最終のものに関する定時株主総会終結の時までとする。

（取締役会の招集通知）
第24条　取締役会の招集通知は，各取締役及び各監査役に対し会日の3日

前までに発するものとする。ただし，緊急の必要のあるときは，この期間を短縮することができる。

2　取締役及び監査役の全員の同意があるときは，招集の手続きを経ないで取締役会を開催することができる。

（代表取締役及び役付取締役）

第 25 条　取締役会は，その決議によって代表取締役を選定する。

2　取締役会は，その決議によって取締役会長，取締役社長各 1 名，取締役副社長，専務取締役，及び常務取締役各若干名を定めることができる。

（取締役会の招集権者及び議長）

第 26 条　取締役会は，法令に別段の定めがある場合を除き，取締役社長がこれを招集し，議長となる。

2　取締役社長に事故があるときは，取締役会においてあらかじめ定めた順序に従い，他の取締役が取締役会を招集し，議長となる。

（取締役会の決議方法等）

第 27 条　取締役会の決議は，議決に加わることができる取締役の過半数が出席し，出席した取締役の過半数をもって行う。

2　当会社は，会社法第 370 条の要件を充たしたときは，取締役会の決議があったものとみなす。

みなし決議を行うために必ず必要な規定である。

（取締役の報酬等）

第 28 条　取締役の報酬，賞与その他の職務執行の対価として当会社から受ける財産上の利益（以下「報酬等」という）は，株主総会の決議によって定める。

（取締役会規則）

第 29 条　取締役会に関する事項は，法令又は本定款のほか，取締役会において定める取締役会規則による。

(員　数)

第 30 条　当会社の監査役は，○名以内とする。

(選任方法)

第 31 条　監査役は，株主総会において選任する。

2　監査役の選任決議は，議決権を行使することができる株主の議決権の 3 分の 1 以上を有する株主が出席し，その議決権の過半数をもって行う。

(任　期)

第 32 条　監査役の任期は，選任後 4 年以内に終了する事業年度のうち最終のものに関する定時株主総会終結の時までとする。

2　任期の満了前に退任した監査役の補欠として選任された監査役の任期は，退任した監査役の任期の満了する時までとする。

(監査役の報酬等)

第 33 条　監査役の報酬等は，株主総会の決議によって定める。

第 5 章　計　　算

(事業年度)

第 34 条　当会社の事業年度は，毎年 4 月 1 日から 3 月 31 日までの 1 年とする。

(剰余金の配当の基準日)

第 35 条　当会社の期末配当（各事業年度において 4 月 1 日から 3 月 31 日までの間に実施する金銭配当のうち最初のものをいう。）の基準日は，毎年 3 月 31 日とする。

2　当会社は，前項のほか，基準日を定めて剰余金の配当をすることができる。

（配当金の除斥期間等）

第36条　配当財産が金銭である場合は，その支払開始の日から満3年を経過しても受領されないときは，当会社はその支払の義務を免れるものとする。

2　剰余金の配当には利息を付けないものとする。

第6章　附　　則

（最初の事業年度）

第37条　第34条の規定にかかわらず，当会社の最初の事業年度は，当会社の成立の日から令和○年○月○日までとする。

（最初の本店の所在場所）

第38条　当会社は，本店を○○県○○市○○○○番地に置く。

（設立時代表取締役）

第39条　当会社の設立時代表取締役は，次のとおりとする。

設立時代表取締役　住所

氏名

（附則の削除）

第40条　当附則は，最初の定時株主総会の終結をもって，削除されるものとする。

株主名簿　サンプル

株主名簿

株式会社○○○
東京都○区○○―○―○　㊞（会社届出印）

○○年○月○日現在

氏名	住所	種類	株数	議決権割合	取得年月日	備考
○○ ○○	東京都○○区○○―○―○	普通株式	○○○	100 %	○○年○月○日 ○○氏より○○株を売買により取得（@○○，○○○円）。	
自己株式		普通株式	○○○		○○年○月○日 ○○氏より○○株を自己株式取得。	
		合計	○○○	100 %		

以上，相違ないことを証明する。

○○年○月○日
株式会社○○○
代表取締役　○○ ○○㊞

経理規程　サンプル

経理規程

株式会社〇〇〇

第1章　総　則

第1条（目的）　この規程は，当社におけるすべての会計諸取引を正確かつ迅速に処理し，会社の財政状態及び経営成績に関し，真実明瞭な報告を提供するとともに，経理を経営の合理化のために役立たせ，さらに外部監査及び内部監査にあたっての基準とすることを目的とする。

第2条（原則）　当社の経理業務は，この規程の定めるところによる。ただし，この規程に定めのない事項については，企業会計原則及び関係諸法令等の会計諸規則によらなければならない。

2　この規程中，各条項の細部の取扱いについては，必要に応じて別に細則を設けることができる。

第3条（決算）　当社の会計年度は，定款の定めるところにより，毎年4月1日から翌年3月31日までとする。

第4条（区分経理）　当社は税率ごとに区分経理を行う。

第5条（会計単位）　会計単位は，全社をもって1単位とする。

第6条（経理責任者）　経理に関する責任者は代表取締役とし，出納・保管責任者は事務担当とする。

第7条（機密保持）　経理担当者は，業務上知り得た経理及び営業に関する秘密を他に漏らし，又は窃用してはならない。

第２章　勘定科目・会計伝票・帳票

第８条（正規の簿記の原則）　当社におけるすべての会計諸取引は，その発生を証する証憑に基づき，会計帳簿に整理・集計・記録する。

第９条（保存）　帳票及び財務諸表等の保存は，経理担当者が行ない，その保存期間は次のとおりとする。

① 税務申告書類，決算関係書類　７年
② 総勘定元帳と補助元帳　７年
③ 仕訳伝票と証憑書類　７年

第３章　金銭会計

第10条（金銭の範囲）　この規定で金銭とは，現金・預金・手許にある当座小切手・送金小切手・送金為替手形及び振替貯金払出証書等をいう。

2　手形・有価証券・期限の到来した債券の利札・配当金領収書等の取扱いも金銭に準ずる。

第11条（出納責任者と担当者）　出納責任者は，代表取締役とする。

第12条（金銭の保管）　出納責任者は，金銭ならびにこれに準ずるもの，及び印章ならびに会社の財産に関する重要書類を保管し，定期的に実査，確認を行なう。

第13条（名義人）　預金の名義人及び手形と小切手の振出名義人は代表取締役とする。

第14条（印章の押印）　金銭の出納に関し使用する印章の押印は，代表取締役が行なう。

第15条（金銭の収納）　回収した金銭をすみやかに出納責任者に引き渡さな

ければならない。

第4章　資金会計

第16条（目的）　資金会計は，経営活動を円滑に遂行するため，計画的かつ効率的な資金の調達と運用を実現し，もって財務費用の軽減と財政基盤の強化をはかることを目的とする。

第17条（経理責任者）　資金会計は，取締役が統轄し，収支予算を策定する。

第5章　決算会計

第18条（決算の目的）　決算は，当社の財政状態及び経営成績を明らかにし，「会社法」,「証券取引法」及び「法人税法等」の諸法令に基づく外部報告の要請に応えるとともに，その内容の分析・検討を通じて経営の合理化に資することを目的とする。

第19条（財務諸表の作成基準）　財務諸表は，正規の簿記の原則にしたがって作成された，正確な会計帳簿に基づいて作成する。
2　財務諸表は，この規程に準拠して作成し，この規程に定めのない事項は会計諸則に準拠する。

第20条（財務諸表等）　取締役は，月次決算，中間決算及び営業年度決算ごとに，次の財務書類を作成する。
①　貸借対照表
②　損益計算書
③　その他必要と認められた資料

第6章　その他

第21条　（規程の改廃）　この規程の改廃は，取締役会が決議する。

第22条　(実施期日)　この規程は，令和○○年○月○日より施行する。

2　事業内容のわかる書類

(1) 事業概要

事業内容や取引の概要，支店や関係会社の状況を示すために，パンフレット等を作成していればこれらを提出することになる。なお，公益法人や宗教法人などの場合には，「収益事業」(法人税法2条13号) 以外の事業として一定の事業を行っているときには，裁判実務上，「収益事業」以外の事業に該当しているかは「その目的，内容，料金の定め方，周知方法」(最判平成20年9月12日・判時2022号11頁) 等に着目して一般の営利法人の行う事業と競合するような「収益事業」になっていないかで判断されていることから，これらの法人が事業内容や取引の概要を説明するパンフレットや料金表を作成する際には，同基準を意識して「収益事業」以外の事業内容と第三者からみても判断されるような記載となっているか事前に確認しておきたい。

(2) 取引内容

取引内容のわかる書類として提出の求められる書類としては，業務フロー図，取引先名簿，各種契約書などがある。契約書については印紙漏れがないよう課税文書に該当するかどうかには常に注意する必要がある。特に契約条件を変更する覚書などで課税漏れが生じやすいため，変更時にも都度都度確認しておきたい (印紙税法別表第一　課税物件表　課税物件表の適用に関する通則第5条，印紙税法基本通達第17条，同別表第2　重要な事項の一覧表等)。印紙税については事前通知なく調査が行われる可能性もあることから，通知がなかったからといって安心しきらないことである。

なお，売買契約については，書面としての契約書がなくても発注書と請書だけで売買契約自体は成立するが，その前提として両者で内容と金額が一致していなければならない。たとえば発注書と内容が異なる請書が届いた場合に売買契約を成立させるためには，あとから届いた請書と内容と金額の一致する発注書を再度作成する必要がある。見積書と発注書のみで売買契約を成立させる場合も同様である。

（3）意思決定内容

会社の意思決定の内容を示す書類として，各種議事録や稟議書の提出が求められることになる。稟議書とは，会社が何らかの支出をする際などに社内の決裁を仰ぐために作成される文書であるが，会社の意思決定の形成過程を明らかにする書類として税務調査においては重要なエビデンスとなりうるものである。有用なエビデンスとするためにも，以下の事項を織り込むことで，税務面でも会社の意思決定の合理性を示すものとしておきたい。

① 申請事項（決裁対象）
② なぜ支出が必要かの目的・理由（意思決定のための参考）
③ 支出による効果・影響（意思決定のための参考）
④ 会社の会計処理・税務処理が正しいといえる根拠の説明

また，稟議書に関する社内規程がある場合には，そこに定められた手続きを遵守することでコンプラアンスが徹底されている会社であることを当局に示すことができ，エビデンス全体の価値をあげることにもつながる。

なお，この種の書類では，どのレベルの意思決定でどういう人が押印・署名を行っているかがわかると，それがあるはずなのにないということが明らかになり，調査の端緒となってしまうおそれがあるため，社内ルールに従った押印等がきちんとなされているかは再確認したい。

稟議書　サンプル

稟議書

稟議番号	起案年月日	受付年月日	決裁年月日
A—○○○○	令和○年○月○日		

【決裁】

社長	担当役員	部長	担当

【合議】

総務部	経理部		

件　名	ゴルフ会員権購入／入会金支出の件

１　申請事項

以下のとおりゴルフ会員権を購入することといたしたい。

（１）ゴルフ場名　○○○ゴルフクラブ
（所在地　○○県○○市○○）
詳細は別紙のとおり。

（２）会員種別　個人正会員　１口
（記名式）名義人　○○○○（代表取締役社長）

（３）金額　○,○○○,○○○円

（４）経理処理　「ゴルフ会員権」勘定で資産計上する。

２　申請事由　支出目的・理由

（１）本件は，顧客とより親密な関係を築くための接待で利用することを目的として，ゴルフ会員権を購入しようとするものである。

（２）本件ゴルフ場は，利用が想定される当社の顧客にとっても便利な場所に所在し，周辺ゴルフ場と比較して価格も安く，経営母体の財政状況も健全であると考えられる。

（3）本件ゴルフ場は法人会員制度がないため，やむをえず個人会員権を購入するものである。

以上

（注）上記下線部は，本件支出の損金経理を当局にも認めてもらうために，法人税法基本通達9—7—11（2）の要件を充たしていることを示すためのものでもある。

（4）社内体制

税務調査では，詳細なヒアリングを適切な担当者（責任者）に行うあるいは現況調査を行うために，組織図や配置図，責任者の記載のある内線表，情報・文書管理規程などの提出が冒頭で求められることが多い。スムーズに調査手続きを進めるためにも適宜自前に作成しておきたい。

3　帳簿と証憑

帳簿とこれに関連し作成あるいは受領した書類（証憑）の保存は納税者の義務であり，税務調査でもまずもって提出の求められるものである。証憑は帳簿の記載内容の正しさを証明する有効なエビデンスとなっているかという観点から作成，保存しておきたい。たとえば給与支出については，賃金台帳，住民税特別徴収通知書，タイムカード等の証憑との整合性，その他の各種支出については，稟議書，請求書，領収書，預金通帳等の証憑との整合性には気を配る必要がある。

なお，請求書については，令和4年1月以降，PDFとしてメールで受け取る，WEB請求書発行システムを利用するといった形でデータによりこれを受けとった場合，電子帳簿保存を行う会社であろうがなかろうが当該電子データにタイムスタンプを付すなどした上で必ず保存しなければならなくなった（なお，制度移行に伴う宥恕措置として令和5年12月31日までの2年間は紙での保存も許されている）。

これらの書類は当局に対して特に提出を拒むべき理由のない，調査目的が容易に推察できる書類となっていることから，スムーズに過不足なく提出したい。保存義務のある書類を提出できないと青色申告の取消しにつながりかねないため，定期的に保存状況をメンテナンスしておきたい。青色申告の取消しまでいかなくとも，本来あるべき書類がないということは印象をかなりわるくし，疑いをもってかかれることにつながることからなんとしても避けたいところである。特に事務所の引っ越し等により，帳簿・証憑等の会計書類の置き場所を変更する際に紛失する可能性が高まることから，万が一紛失すると税務上多大な不利益が及ぶことを担当者間で注意喚起しあい，そのようなことのなきよう細心の注意を払いたい。

なお，令和4年1月以降，帳簿や書類の電子データ保存も，システム関係書類，操作マニュアル等を備え付け，印刷・ダウンロードできる状態にしてさえいれば認められるようになり，記録事項の訂正・削除が確認でき，取引年月日，勘定科目，取引金額等で検索可能なものといった一定の条件を満たせば「優良な電子帳簿」として過少申告加算税が５％免税させる優遇措置が設けられている。また，スキャナ保存では原本保存が不要となり，データ修正の履歴が残る，あるいは修正等ができないといった状況で行えばタイムスタンプなしで保存しても良いとされている。

II　指摘の多い事項

以下，税務調査において指摘の多い事項別にエビデンス作成上の留意点を述べる。

1　売上

（1）売上計上基準

売上については，売上計上基準（出荷基準・引渡し基準など）を継続適用しているか，が問題とされることが多い。たとえば計上基準として引渡し基準を採用している場合，事業年度内に引渡しが済んでいたらそれに対する入金が事業年度をまたいだとしても当該引渡し時の事業年度の売上に計上しなければならない。

また，たとえば予算達成のために未完成品を納品し発注者に検収書を作成してもらい前倒しで売上計上するといった実態に沿わない会計処理も認められない。第三者が作成した検収書であっても，取引先とのメールやファイルに挟まれたメモ等から虚偽記載であることが発覚すると，かえって当局を欺こうとしたエビデンスを保存するような税務コンプライアンス意識の低い会社として警戒されることになる。期ズレでも重課はありうることから注意したい。

なお，決算締切日については，継続適用を条件に，事業年度終了の日以前おおむね10日以内の一定の日とすることも認められている（法人税基本通達2-6-1）。

（2）売上除外

売上が除外されていないかも税務調査における典型的な争点となる。売上の除外は取引先に対する反面調査や，原価率のブレ，日報データ（営業部門）と経理データの不整合，連番になっていない請求書・領収書等から発覚することが多い。請求書や領収書が連番となっていない場合には，その理由につき具体的に説明できるようにしておきたい。説明ができないということになると，意図的な所得隠しとして，仮装隠ぺいで重加算税の対象ともなりうる。

2　原価ないし費用

売上同様，原価ないし費用についても，計上基準が継続適用されているかが問題とされることが多い。

法人税法は特別な条文が他にない限り，以下の金額に限定して損金算入を認めている（法人税法 22 条 3 項）。

① 当該事業年度の収益に係る売上原価，完成工事原価その他これらに準ずる原価の額
② 当該事業年度の販売費，一般管理費その他の費用（償却費以外の費用で当該事業年度終了の日までに債務の確定しないものを除く）の額
③ 当該事業年度の損失の額で資本等取引以外の取引に係るもの

損金算入は，所得金額・納税額を引き下げるものであるだけに，税務調査でも特に厳しくチェックされる。以下では①ないし③につき問題となりうる典型的な論点につき項目を分けて述べることとする。

（1）期末未確定の売上原価等

①の売上原価等については，②の販管費等（減価償却費を除く）と異なり，費用収益対応関係が認められれば，期末に債務が確定していなくても計上を認めるのが裁判実務（最判平成 16 年 10 月 29 日・刑集 58 巻 7 号 697），課税実務（法人税基本通達 2-2-1）となっている。ただし，計上には，**費用収益対応関係が認められること**に加えて，**期末日に近い将来に当該「費用を支出することが相当程度の確実性をもって見込まれており**，かつ，**同日の現況によりその金額を適正に見積もることが可能であった**」（上記最判）と評価できることが必要である。

法人税基本通達 2-2-1 を以下に示す。

法人税基本通達（下線部は筆者。以下本書につき同じ）
（売上原価等が確定していない場合の見積り）
2-2-1　法第 22 条第 3 項第 1 号《損金の額に算入される売上原価等》に規定する「当該事業年度の収益に係る売上原価，完成工事原価その他これらに準ずる原価」（以下 2-2-1 において「売上原価等」という。）となるべき費用の額の全部又は一部が当該事業年度終了の日までに確定していない場合には，同日の現況によりその金額を適正に見積るものとする。この場合において，その確定していない費用が売上原価等となるべき費用かどうかは，当該売上原価等に係る資産の販売若しくは譲渡又は役務の提供に関する契約の内容，当該費用の性質等を勘案して合理的に判断するのであるが，たとえその販売，譲渡又は提供に関連して発生する費用であっても，単なる事後的費用の性格を有するものはこれに含まれないことに留意する。

この通達からは，費用収益対応関係は，関連して発生する費用でも，「単なる事後的費用の性格を有するもの」と評価されるのであれば，これを認めないとする当局の立場（解釈）がみてとれる。売上原価を債務確定前の事業年度に損金算入したいす納税者としては，費用収益関係を示す「事実」を適切なエビデンスで立証し，キーワードとして「単なる事後的費用の性格」に留まるものではないことを主張していくことに力を入れなければならない。上記通達では未確定でも計上を認める基準をみたすかどうかは，**契約の内容，当該費用の性質**を勘案して合理的に判断することも示されていることから，最低限，契約書をエビデンスとして用意し，当該費用につき，費用収益関係のある費用といえることが合理的に説明できる形でその内容を明確に定めておく必要がある。契約書を締結する際に作成する稟議書や議事録等でも費用収益対応関係につき矛盾なく言及しておきたい。

また損金計上にあたっては，費用収益関係があること（原価といえること）とは別に，**「費用を支出することが相当程度の確実性をもって見込まれて」**いること，**「同日の現況によりその金額を適正に見積もることが可能であった」**ことも（裁判）実務上は求められているのであるから，具体的な見積書の作成とともに，契約書等のエビデンスにおいてもできるだけこのような評価を可能とする「事実」を認定できるような記載内容としておきたい。

（2）販管費等（債務の確定）

販管費等の当該事業年度への損金算入については，以下の通達（解釈）でその要件が明示されていることから，全要件につきこれらを充たすと評価される「事実」を検討するとともにそれらを立証できるエビデンスを揃えておく必要がある。

> 参考　法人税基本通達
>
> （債務の確定の判定）
>
> 2-2-12　法第22条第3項第2号《損金の額に算入される販売費等》の償却費以外の費用で当該事業年度終了の日までに債務が確定しているものとは，別に定めるものを除き，次に掲げる要件の全てに該当するものとする。
>
> (1)　当該事業年度終了の日までに当該費用に係る債務が成立していること。
>
> (2)　当該事業年度終了の日までに当該債務に基づいて具体的な給付をすべき原因となる事実が発生していること。
>
> (3)　当該事業年度終了の日までにその金額を合理的に算定することができるものであること。

販管費等については，「債務の確定」という税務特有の概念が用いられていることに注意を要する。(1) 債務が法的に成立しているだけでは不十分で，(2) 当該債務に基づいて具体的な給付をすべき原因となる事実が発生し（法的にみればたとえば同時履行の抗弁権が成り立たず裁判上の請求を行うことができるような状態と言い換えることができる），かつ (3) 金額が合理的に算定でなければならない。

具体的には，年次監査報告書の作成に対する監査報酬や，税務申告書作成に対する税理士報酬などは期末では成果物の受領が未了であるため，契約書を同期中に締結していたとしても (2) を充たさず損金算入することはできない。また，未払費用や未払金がラウンド数字のままだと見積計上，概算計上である可能性があり，(3）の要件を充たさないとされることがありうることにも注意したい。

上記の原則に対しては以下の通達にみられるように例外的な取扱いも課税実務上は認められている。この場合には支払日から1年以内に役務提供を受けたこと（1年超の役務の提供に対応する支払いではないこと）など通達記載の要件を充たしていることをエビデンスをもって示す必要がある。

> 参考　法人税基本通達
>
> （短期の前払費用）
>
> 2-2-14　前払費用（一定の契約に基づき継続的に役務の提供を受けるために支出した費用のうち当該事業年度終了の時においてまだ提供を受けていない役務に対応するものをいう。以下 2-2-14 において同じ。）の額は，当該事業年度の損金の額に算入されないのであるが，法人が，前払費用の額でその支払った日から1年以内に提供を受ける役務に係るものを支払った場合において，その支払った額に相当する金額を継続してその支払った日の属する事業年度の損金の額に算入しているときは，これを認める。
>
> （注）例えば借入金を預金，有価証券等に運用する場合のその借入金に係る支払利子のように，収益の計上と対応させる必要があるものについては，後段の取扱いの適用はないものとする。

なお，上記通達にいう「継続的に役務の提供を受ける」については，裁判実務では，「例えば，地代家賃，リース料あるいは保険料のように，等量等質の役務がその契約期間中に継続的に提供されるものをいう」（東京地判平成19年6月29日・税務訴訟資料257号順号10743）とされており，顧問サービスや一定期間の広告宣伝に対する前払いは「等量等質の役務がその契約期間中に継続的に提供されるもの」とはいえないことから上記「前払費用」には該当しないと扱われてしまうことに留意したい。

３　仕入・棚卸資産

仕入については，きちんと支払われているかがまずもって税務調査でのチェック項目となる。すなわち，架空計上ではないか，支払ったことにされた現金が隠し預金口座にたまっているのではないか，といった点の確認である。

棚卸資産については，評価損計上につき適切なものかが問題となりやすい。同じような商品の過去の販売実績や，評価損計上した商品の処理状況などを説明できる書面を準備しておくと便宜である。

通達でこれが認められる具体例，認められない具体例とともに判断基準が示されていることから，これに則ったエビデンスを用意しておきたい。

参考　法人税基本通達

（棚卸資産の著しい陳腐化の例示）

9-1-4　令第 68 条第１項第１号ロ《評価損の計上ができる著しい陳腐化》に規定する「当該資産が著しく陳腐化したこと」とは，棚卸資産そのものには物質的な欠陥がないにもかかわらず経済的な環境の変化に伴ってその価値が著しく減少し，その価額が今後回復しないと認められる状態にあることをいうのであるから，例えば商品について次のような事実が生じた場合がこれに該当する。

（1）　いわゆる季節商品で売れ残ったものについて，今後通常の価額では販売することができないことが既往の実績その他の事情に照らして明らかであること。

（2）　当該商品と用途の面ではおおむね同様のものであるが，型式，性能，品質等が著しく異なる新製品が発売されたことにより，当該商品につき今後通常の方法により販売することができないようになったこと。

単なる流行遅れ，機種のモデルチェンジだけでは駄目だということである。

（棚卸資産について評価損の計上ができる「準ずる特別の事実」の例示）

9-1-5　令第 68 条第 1 項第 1 号ハ《棚卸資産の評価損の計上ができる事実》に規定する「イ又はロに準ずる特別の事実」には，例えば，破損，型崩れ，たなざらし，品質変化等により通常の方法によって販売することができないようになったことが含まれる。

（棚卸資産について評価損の計上ができない場合）

9-1-6　棚卸資産の時価が単に物価変動，過剰生産，建値の変更等の事情によって低下しただけでは，令第 68 条第 1 項第 1 号《棚卸資産の評価損の計上ができる事実》に掲げる事実に該当しないことに留意する。

廃棄損については，廃棄の事実の有無だけではなく，その計上時期の妥当性を示せるエビデンスも用意しておきたい。

また，棚卸資産については，取引先とのやり取りを必要とせずに単価や数量を調整することが可能なため，利益調整がなされているのではないかと警戒されやすい。そのため，棚卸資産の単価につき税務署に届け出た評価方法（無届なら最終仕入原価法）できちんと算定されているか，確認しておきたい。特に経理担当者が変更したときに間違えることが多いことから，思い込みで処理せずに過去の届出や申請を確認して齟齬がないかの入念にチェックしたい。棚卸資産の付随費用（引取運賃，運送保険料，検査料など）についてもきちんと取得価額に含めているか，支出年度で一気に費用計上していないか，気をつけたい。

棚卸資産の数量については，単純な計上漏れや，集計誤り，一部開封のものを全額費用計上してしまうミスなどが生じやすい。製造中の仕掛品，無償取得したもの，預け在庫，注文を受け期末時に輸送中のもの，期末時に発注しているが未着のもの（未着品）については特に計上漏れが生じやすいため，要注意である。在庫管理表（棚卸原票）でよく確認しておきたい。

4　減価償却

減価償却資産については，少額の減価償却資産等については取得期にいっきに損金算入されることから，その単位について問題とされることが多い。ところが，法令にはこの点についての直接的な規定がない。この点，通達では，少額の減価償却資産等の判定につき，以下のような解釈が示されている。

> 法人税基本通達
> （少額の減価償却資産又は一括償却資産の取得価額の判定）
> 7-1-11　令第 133 条《少額の減価償却資産の取得価額の損金算入》～の規定を適用する場合において，取得価額が 10 万円未満又は 20 万円未満であるかどうかは，通常１単位として取引されるその単位，例えば，機械及び装置については１台又は１基ごとに，工具，器具及び備品については１個，１組又は１そろいごとに判定し，構築物のうち例えば枕木，電柱等単体では機能を発揮できないものについては一の工事等ごとに判定する。

取引単位や，その単位単体で機能を発揮できるか，に着目する点は，裁判実務も同様である（最判平成 20 年 9 月 16 日・民集 62 巻 8 号 2089 頁）。

減価償却による費用計上は購入日ではなく事業の用に供した日からとなる。事業の用に供した日とは，減価償却資産の属性に従って本来の目的のために使用を開始した日であって，たとえば，機械を備え付け，試運転を完了し，製品等の生産を開始した日がこれにあたる。特に納品が期末に近いときに指摘を受けやすい。納品書・請求書・稟議書・稼働日報等で示せるようにしておきたい。

税効果の大きい特別償却については，適用条件と必要な申請につきチェックした上で過不足なくエビデンスを揃えておきたい

5　貸倒損失

（1）貸倒損失の税法上の取扱いと証拠書類

売掛金，受取手形，貸付金などの金銭債権が回収できなくなることを貸倒れといい，貸倒れに伴う経済的な損失を貸倒損失という。当該損失金額を計上するために用いる勘定科目としても「貸倒損失」が用いられ，貸倒損失が発生した事業年度に損金に算入することになる（法人税法22条3項3号）。そのため，申告する際のエビデンスとしては，まずもって貸倒損失が発生したこと，すなわち金銭債権が回収できなくなったことを疎明・証明できる書類を揃える必要がある。しかしながら，どのような状態であれば金銭債権が回収できなくなったと評価できるのか，法律上明確に記載されていないため，納税者としては難しい判断を強いられることになる。この点，判例（最判平成16年12月24日・民集58巻9号2637頁（興銀事件））では，次のような判断基準が示されている。

> 法人の各事業年度の所得の金額の計算において，金銭債権の貸倒損失を法人税法22条3項3号にいう『当該事業年度の損金の額』として当該事業年度の損金の額に算入するためには，当該金銭債権の全額が回収不能であることを要すると解される。そして，その全額が回収不能であることは客観的に明らかでなければならないが，そのことは，債務者の資産状況，支払能力等の債務者側の事情のみならず，債権回収に必要な労力，債権額と取立費用との比較衡量，債権回収を強行することによって生ずる他の債権者とのあつれきなどによる経営的損失等といった債権者側の事情，経済的環境等も踏まえ，社会通念に従って総合的に判断されるべきものである。

つまり，貸倒損失を計上したい納税者としては，一部ではなくて全額の回収ができないことまで示す必要があり，①債務者の資産状況，支払能力等の債務者側の事情を示す書類，②債権回収に必要な労力，債権回収を強行した場合に生じうる他の債権者とのあつれき等の債権者側の事情，経済的環境等を示す書類を揃えることが有効ということになる。具体的には，①債務者の過去数年分の決算資料（時価ベースの実態貸借対照表があるとなお良い），支払状況，資金繰り表，②債権の明細書，根拠となる契約書類，人件費も盛り込んだ想定回収費用の計算書，債権者リスト，納税者と他の債権者との関係や業界をとりまく経済状況等を示せる資料（陳述書，統計資料など）が考えらえる。

もっとも，ここまで揃えたとしても最後は社会通念に従って総合的に判断することになるため，ただ揃えれば大丈夫ということにもならず，中身につき当局や裁判所によって評価されるまでは最終的にはわからないといったような不安的な状況に置かれることになってしまう。納税者としては，この点について当局ともめること自体もできれば避けたいところであるため，貸倒損失の計上には消極的にならざるを得ないところがある。

また，貸倒損失については，納税者の資産状況からすればその年，事業年度末に貸し倒れていることには課税庁と争いがなくても，その年，その事業年度において初めて貸し倒れるにいたったということまで示せなければ，事業所得や法人所得では期ズレの問題を発生させてしまう。そうなると，ただ資料を揃えるだけではなく，その年，期において貸し倒れたという評価をなぜ行ったのかという根拠まで示すことが求められる。課税庁は黒字事業年度に恣意的に貸倒損失をぶつけるような申告（利益操作）を最も嫌うため，納税者としては，たとえばあらかじめ貸倒損失の計上基準を経理規定などに定めておいて，稟議書等でその通りに行ったことを示すといった対応をとることなどが考えられるところである。

なお，確実に一定の時期に貸倒損失を計上するやり方として第三者に対して問題となっている債権をただ同然で譲渡し譲渡損として計上するといった方法も考えられるところであるが，いまだ回収可能ということになると譲渡価額が時価とかけ離れるということで寄附金，同族会社の行為計算否認等といった形で別途問題を生じさせてしまう可能性があり，やはり差額部分を含めて実質的に全額が回収不可能であるといった評価の問題から離れることはできない。

また，債権者自ら債務免除をすることによって債権を法的に消滅させるという手段も考えられるところであるが，いまだ回収可能な状態でこれを行うということになると，やはり役員給与，寄附金等といった形で別途問題を生じさせてしまいかねない。そのため民法上は債権を消滅させることができても，税法上は免除額について実質的に回収が不可能であるといえる状態であったかという評価の問題からはここでも離れることができず，これを行う納税者としてはこの点を疎明・証明するエビデンスの準備が欠かせないということになる。

以上のように，貸倒損失の計上は，法令のみに従ってこれを安全に行うとすればかなりハードルの高いものとなってしまう。そのためか，課税庁は比較的容易に，できる限り形式的に貸倒損失が計上できるようにする救済的な通達を用意している。貸倒損失についての通達は大きく分けて，ア　法的な貸倒れ，イ　事実上の貸倒れ，ウ　売掛債権の特例の３つを定めており，以下，順にポイントを解説していく。

（2）貸倒損失の通達上の取扱いと証拠書類

本来（1）の基準のみでエビデンスを揃えれば足りるわけであるが，通達は当局の法令解釈であるため，税務調査段階で当局と揉めることを避けるためには，必ずしも法令に規定されていない手続き等についても通達でこれが求められているのであればこれを踏襲していることを示すエビデンスや，特定の債権について納税者のために救済的な形式要件で判断する旨規定している通達についてはその要件に沿った形でエビデンス書面を作成すべきである。税務調査を想定した場合，納税者にとって実践的な要件はこちらということになろう。

ア　法的な貸倒れ（法人税基本通達 9-6-1）

法的に債務が消滅したときの取扱いについての通達である。

法人税基本通達

（金銭債権の全部又は一部の切捨てをした場合の貸倒れ）

9–6–1　法人の有する金銭債権について次に掲げる事実が発生した場合には，その金銭債権の額のうち次に掲げる金額は，その事実の発生した日の属する事業年度において貸倒れとして損金の額に算入する。

(1)　更生計画認可の決定又は再生計画認可の決定があった場合において，これらの決定により切り捨てられることとなった部分の金額

(2)　特別清算に係る協定の認可の決定があった場合において，この決定により切り捨てられることとなった部分の金額

(3)　法令の規定による整理手続によらない関係者の協議決定で次に掲げるものにより切り捨てられることとなった部分の金額

イ　債権者集会の協議決定で合理的な基準により債務者の負債整理を定めているもの

ロ　行政機関又は金融機関その他の第三者のあっせんによる当事者間の協議により締結された契約でその内容がイに準ずるもの

(4)　債務者の債務超過の状態が相当期間継続し，その金銭債権の弁済を受けることができないと認められる場合において，その債務者に対し書面により明らかにされた債務免除額

a　会社更生，民事再生等の手続きが入った場合

まず，さきほどの法令基準との違いは，債権全額が貸倒れにならずとも，会社更生や民事再生，私的整理や簡易裁判所の特定調停（国税庁 HP の質疑応答事例で上記法基通 9–6–1 (3) ロに該当する旨言及がある）の手続きの中で債権の切り捨てが行われたのであれば，当該切り捨て額につき損金算入できるとしている点である。債務免除についても同様である。次に述べる事実上の貸倒れと異なり損金経理は要件となっていないため，会計処理をしていない場合でも期末後の申告調整（減算・留保）や更正の請求で損金算入が可能である。

上記通達では破産手続きについては言及がないが，破産手続きにおいても

未回収の債権については破産手続上の配当を受けられない部分については法的に回収不可能となるため当然に損金算入が可能となる。具体的には同時廃止事件であれば廃止決定時，管財事件であれば破産手続終結決定時又は廃止決定時に，損金算入が可能となる。いつ廃止決定等がされたかどうかは，官報を調べて管財人に連絡する，法人登記簿謄本を入手して確認するといった方法がある。もっとも破産手続きの場合には，法的に債権が消滅する前に，配当が期待できないことを疎明等することで，次に述べる事実上の貸倒れの通達によって前倒しで全額の損金算入が認められることが多いであろう。また裁判所による和解の手続きの中で切り捨てられた場合も法的に債権が消滅したと取扱い，切捨て額については和解が確定した時点で損金算入が可能となる。

なお，債権の一部が上記決定又は協議によって法的に消滅した場合，中小法人（期末資本金1億円以下，3年平均の課税所得が15億円以下など）や銀行，保険会社などの貸倒引当金適用対象法人であれば，残余部分については，法令上，いわゆる長期棚上げ基準（原則5年以内に弁済される金額以外の金額は繰り入れ可能）による個別貸倒引当金の計上が認められている（法人税法52条1項，同施行令96条1項1号)。

b　債権者による債務免除

回収困難な債権を抱えている納税者として，実務的に検討されることが多いのは債務免除通知を行うことによる貸倒損失の計上であろう。

通達では，債務免除通知は口頭やメールでは駄目で，書面でなされなければならないとされている。民法上は「債権者が債務者に対して債務を免除する意思を表示したときは，その債権は，消滅する」（民法519条）とのみあるため，法的にみれば口頭やメールでも有効な債権免除の意思表示となりうるのであるが，通達上は書面で，とあるため，書面で準備するのが無難である。また，「その債務者に対し**書面により明らかにされた債務免除額**」とあるため，当該書面で債務免除額を明記することと，当該書面を債務者に交付したことを示すエビデンスまで準備することが求められている。この点に関連し，国税庁HPの質疑応答事例には「通知は必ずしも公正証書等の公証力のある書面によることを要しませんが，書面の交付の事実を明らかにするためには，債務者から受領書を受け取るか，内容証明郵便等により交付することが望ましいと考えられます。」との記載がみられる。このような記載ぶりからすれば，すべてをみたすには相手方への到達や記載内容の証明まで可能な内容証明郵便によることが最も無難ということになろう。

次に注意を要するのが，本通達では「債務者の**債務超過の状態が相当期間継続し**，その金銭債権の弁済を受けることができないと認められる場合において」との限定句がついている点である。単純に内容証明郵便で債務免除額を明示した債務免除を行うだけで足りるのではなく，このような場合であることまで疎明・立証する必要がある。これができなければ，法的には債権が消滅したとしても，税務上は寄附金（加算・流出）などと取り扱われてしまい，損金算入の機会を失ってしまう危険がある。子会社等を整理する場合の損失負担等（法人税基本通達9-4-1）に該当すれば寄附金扱いはされないが，そのような負担等に該当することを示す十分なエビデンスを別途準備しておく必要がある。ここでいう「相当期間」について上記質疑応答事例では，「**債権者が債務者の経営状態をみて回収不能かどうかを判断するために必要な合理的な期間をいいますから，形式的に何年ということではなく，個別の事情に応じその期間は異なることになります。**」と記載されており，なかなか判断の難しいものとなっている。とはいえ，本質疑応答事例では3年間の事例につき「相当期間」として認めていることから，3年間が一応の目安にはなる。3～5年間というのが一般的であろう。そのため，最低3年間分は，債務者が債務超過状態にあることを示す決算書等の資料を入手し，万全を期すのであれば，債務者の支払能力等に関する調書・調査書等まで作成しておきたい。また，債権の回収努力を十分に行っていることを示すために，催告の記録を残し，債務免除を決定する際の取締役会の議事録，稟議書等にそれまでの回収努力を明記することも有効である。回収努力については債務者に通知する内容証明郵便で明記してもよい。

イ　事実上の貸倒れ（法人税基本通達 9-6-2）

次に通達が定めるのは事実上の貸倒れについてである。

> 法人税基本通達
>
> 9-6-2　法人の有する金銭債権につき，その債務者の資産状況，支払能力等からみてその全額が回収できないことが明らかになった場合には，その明らかになった事業年度において貸倒れとして損金経理をすることができる。この場合において，当該金銭債権について担保物があるときは，その担保物を処分した後でなければ貸倒れとして損金経理をすることはできないものとする。
>
> （注）保証債務は，現実にこれを履行した後でなければ貸倒れの対象にすることはできないことに留意する。

これについては法令で定める基準とほぼ同じであり，全額が回収できないことまで示す必要があり，また回収できないといった抽象的な基準で判断されるため，疎明・立証のハードルの高いものとなっている。通達では損金経理がさらに要件として要求されていることにも留意したい。次で述べる売掛債権の特例と異なり，回収できる可能性がないという判断に基づいている貸倒損失であるため備忘価額を載せる必要はない。通達で求められている損金経理は法令解釈としては要らないとする裁判例もあるが（東京地判平成元年7月24日・税務訴訟資料第173号292頁）（たとえば貸倒引当金を直接充当したうえで法人税納税申告書添付の勘定科目内訳明細書に貸倒損失の明細を記載するやり方が考えられる），課税当局ともめないためには損金経理を行っておきたい。

債務者や保証人の資産状況，支払能力等を示すエビデンスとしては，債務超過状態を示す決算書・確定申告書，所有不動産の不動産鑑定評価書，債務者の取引銀行・取引先から事情を聴取した調書，信用調査会社による調査書，強制執行の裁判所からの通知書，行方不明（受取人不在）で戻ってきた催告書（未開封のまま保存），天災事故，死亡，債務者や債務者の業界に経済状況の急変があったことを示せる資料などが考えられる。

また「回収できないことが明らかになった場合」とあることから，これまで回収の努力を続けていたことも示せなければならない。これを示す書面の例としては，弁済の請求・催告を行った配達証明付き内容証明郵便，（簡易裁判所書記官から債務者に対して送付される支払督促（支払命令）），入金がなかったことを明らかにした文書，これまでの回収の努力を記載した担当役員や取締役会に提出した債務者等の資産状況等報告書，稟議書，取締役会議事録等が挙げられる。

稟議書　サンプル

件名	**○○株式会社に対する金銭債権に係る貸倒処理に関する件**

１　申請事項

次の金銭債権の金額につき貸倒損失を計上（税務上損金算入）することといたしたい。

○○株式会社に対する売掛債権の全額○，○○○，○○○円

２　申請理由

(1) ○○株式会社とは，平成○年より取引があったが，同社が債務超過となり経営状況が悪化し，売掛債権の支払いが滞ったため，令和○年○月○日を最後として取引を停止した。

(2) ○○株式会社に対するこれまでの催告の状況は次のとおりである。

令和○年○月○日　内容証明郵便による催告

令和○年○月○日　同上

令和○年○月○日　内容証明郵便により催告したが，受取人不在のため不達

(3) 上記のとおり回収に向けた努力を重ねてきたが，現在○○株式会社はい

わゆる夜逃げの状態で，代表者も行方不明となったおり，回収の見込みが立たない。

○○株式会社の時価ベースの純資産は約○千万円の債務超過であり，資金繰りも従業員への給与の遅配が発生するほどひっ迫した状況である（添付の○○株式会社から入手した時価ベースの貸借対照表と資金繰り表参照）。

コロナ禍により国から支給された持続化給付金も，すぐに借入金の返済に充てられている。

このため不本意ながら，同債権の全額が回収不能と判断され，これを貸倒れ処理することとしたい。

（効果：資産性のない売掛金を資産から落とすことができ，当社の貸借対照表の健全性の確保，財務体質の健全化に資することになる。）

(4) 本件貸倒損失額は，法人税基本通達 9-6-2 の適用を受け，損金算入する。

（添付書類）

- ・納品書（控），請求書（控），売掛台帳
- ・○○株式会社との売買契約書
- ・○○株式会社の信用調査会社の報告書
- ・債務者の決算書直近 3 期分
- ・債務者の直近の時価ベースの貸借対照表
- ・債務者の資金繰り表
- ・催告に係る内容証明郵便（控）

以上

ウ　売掛債権の特例（所得税基本通達 51-13，法人税基本通達 9-6-3）

納税者が，比較的容易に，形式的に貸倒損失が計上できるようにする救済的な法令解釈ともいえるものが次の通達である。

法人税基本通達

9-6-3　債務者について次に掲げる事実が発生した場合には，その債務者に対して有する売掛債権（売掛金，未収請負金その他これらに準ずる債権をいい，貸付金その他これに準ずる債権を含まない。以下 9-6-3 において同じ。）について法人が当該売掛債権の額から備忘価額を控除した残額を貸倒れとして損金経理をしたときは，これを認める

(1)　債務者との取引を停止した時（最後の弁済期又は最後の弁済の時が当該停止をした時以後である場合には，これらのうち最も遅い時）以後１年以上経過した場合（当該売掛債権について担保物のある場合を除く。）

(2)　法人が同一地域の債務者について有する当該売掛債権の総額がその取立てのために要する旅費その他の費用に満たない場合において，当該債務者に対し支払を督促したにもかかわらず弁済がないとき

(注) (1) の取引の停止は，継続的な取引を行っていた債務者につきその資産状況，支払能力等が悪化したためその後の取引を停止するに至った場合をいうのであるから，例えば不動産取引のようにたまたま取引を行った債務者に対して有する当該取引に係る売掛債権については，この取扱いの適用はない。

上記特例は，売掛金や未収請負金などの継続的な営業債権に限定されており，貸付金などの金銭債権は含まないとされている点はまずもって注意が必要である。期末からみて当該債務者と１年間取引がなく，弁済期もきておらず，回収も全くできていない場合か，取りにきたら払うといわれているが回収費用を考えると全くもって割が合わない場合には，備忘価額１円の損金経理で貸倒損失を認めるものである。債務者ごとに備忘価額が必要なのは事実上の貸倒れと異なり，債権が回収できる可能性が残っており簿外資産が発生するのを防止するためである。取引を停止した理由としては，取引条件が合わなくなった，信頼関係が損なわれたといったものでは駄目で，債務者が債務超過に陥って経営状況が悪化したことに基づく必要がある。

エビデンスとしては，取引の内容，入金状況，取引停止日を確認するため

の，納品書（控），請求書（控），売掛台帳など，担保物がないことを示すための債務者との売買契約書，取引を停止したのが債務者の経営状況の悪化に基づくことを示すための与信審査報告書など，通達の要件をみたしていることを示す書面を逐一揃えることが求められる。取締役会議事録や稟議書など意思決定過程を示す書面においてこれらを整理した上でまとめて記載し，関連書類と一緒に保存しておくとよい。

６　給与と外注費（請負・委任）

給与については，源泉徴収漏れとともに，架空人件費がないか，といった視点からもチェックされる。不要な疑いを抱かれないように，総勘定元帳・住民税の特別徴収通知書の記載，給与台帳・振込一覧表の記載，内線表やタイムカードの記載との整合性を確認しておきたい。

外注費については，支出の原因となる契約が法的にみて請負契約なのか，委任契約なのかで印紙税の取扱いが異なってくる。請負契約なら課税文書（別表第一２号文書，７号文書），委任契約だと非課税となる。消費税はともに課税取引，個人相手だと所得税法204条１項に該当する報酬等は源泉が必要となる点は同じである。また，請負契約，委任契約と銘打っていても，実態は雇用契約ということになると，印紙税は非課税，消費税は不課税取引，所得税は給与所得として源泉が必要となり，税務上の効果はかなり異なってくるが，いずれも税額を下げることにつながるため，税務調査で指摘されるケースはあまり多くはない。しかしながら，「偽装請負」として労働者派遣法の違反等が指摘されると別途法令遵守（コンプライアンス）上の問題を生じさせることからきちんと法的性質に従って区別しておかなければならない。

請負，委任，雇用のいずれにあたるかは契約書のタイトルではなく，以下のように発生する債権債務の性質等によって判断されることになる。

ア　請負契約

「ある仕事を完成することを約し，相手方がその仕事の結果に対してその報酬を支払うことを約する」（民法620条）契約をいう。仕事の完成を請け負うもので完成が目的である。下請代金支払遅延防止法（下請法）の適用があり（所管は公正取引委員会・中小企業庁），親事業者には３条書面の作成・交付義務，５条書面の作成・保存義務がある。

イ　委任契約

「法律行為をすることを相手方に委託し，相手方がこれを承諾する」（民法643条）契約をいう。法律行為でない事務の委託についても準用される（民法656条，準委任）。自己の裁量に基づく事務処理を行うもので，処理が目的であって成果を出すことは目的ではない。たとえば専門家のコンサルティング契約はこれにあたる。

ウ　雇用契約

「相手方に対して労働に従事することを約し，相手方がこれに対してその報酬を与えることを約する」（民法623条）契約をいう。労働法の規制に服する。

特に労働供給型の請負契約・委任契約は実質的には雇用契約であるとされるリスクが高いことから，以下のようなポイントに気を付けたい。

- 勤務日，休日，勤務時間帯（時間的拘束）の就業に関する定めを置かない。
- 業務の遂行に関し，委託者に指揮命令権を与えない。
- 委託業務の具体的内容が特定できるように契約上明記する。何でもやらせることができるような曖昧な記載はしない。
- 報酬は委託する業務内容や成果物に対するものとし，日給や時間給のような就業時間をベースに算定する報酬体系にしない。
- 報酬の請求書を受領する。
- 材料や用具等は基本的に自己負担とする。ただしセキュリティ上の問題でパソコンを支給することは構わない。

準委任契約　サンプル

業務委託契約書

○○株式会社（以下「甲」という）と○○○○（以下「乙」という）とは，甲から乙への業務の委託に関し，以下のとおり合意した。

（業務委託）

第１条　甲は，乙に対し次の業務（以下「本件業務」という）を委託し，乙はこれを受託した。

① 甲の新規顧客の紹介

② 甲の新規顧客の獲得のためのアドバイス

役務内容を詳細に記載する。

2　本件業務を行う際に必要となる備品は乙が用意するものとする。

（業務委託料）

第２条　本件業務の委託料は，各月における乙の実績により算出されるものとする。

2　甲は，前条に定める委託料を，当該月の末日までに，乙からの請求書をもって支払うものとする。なお，甲が現金により委託料を支払う場合は，領収書を乙が用意し，発行するものとする。

3　本件業務に関して乙に発生した交通費，通信費その他の必要経費は，甲が負担するものとし，乙の請求の基づき，乙が指定する銀行口座に振り込むことにより支払う。

（契約期間）

第３条　本契約の業務委託期間は，令和○年○月○日より１年間とする。ただし，契約期間満了日の３か月前までに当事者の一方から書面による別段の意思表示がない場合は，本契約は自動的に１年間延長されるものとし，以降も同様とする。

（秘密保持）

第４条　乙は本件業務の遂行に際して知り得た一切の情報は，前条の契約期間はもとより，契約期間満了後においても，甲以外の第三者に漏洩してはならない。

２　甲は，乙が前項に違反したことにより甲が損害を被った場合には，乙に対しその損害の賠償を請求することができる。

（協議事項）

第５条　本契約に定めのない事項については，甲及び乙は，誠意をもって協議のうえ，これを解決するものとする。

本契約の成立を証するため，本契約書２通を作成のうえ，各自１通を保有する。

令和○年○月○日

甲　（住所）

（氏名）⇦　できるだけ自署する。

乙　（住所）⇦　できるだけ自署し実在しており乙が架空でないことを示す。

（氏名）

可能であれば連絡先（携帯番号・メールアドレスなど）も記載し架空でないことを示す。

７　転籍・出向者に対する給与等

（１）出向の実態

関係会社に転籍・出向する場合，人件費の負担割合の調整を通じた利益調整がなされやすいため，利益調整がなされていると疑われないためにも，まずは実態を反映した出向契約書をエビデンスとして残しておきたい。

出向契約書　サンプル

出向契約書

○○株式会社（以下「甲」という）と○○株式会社（以下「乙」という）とは，甲の従業員の乙への出向に関し，以下のとおり合意したので，契約を締結する。

（出向）
第１条　甲は，甲の使用人である下記の者（以下「出向者」という）を甲の使用人として甲に在籍のまま乙に出向させ，乙の指揮監督のもとで乙の業務に従事させることとし，乙はこれを受け入れた。出向者の乙における地位又は担当業務は下記のとおりとする。

記

氏名	乙における地位又は担当業務
○○　○○	総務部長

（出向期間）
第２条　出向者の出向期間は令和○年○月○日から令和○年○月○日までとする。ただし，甲乙協議のうえ，この期間を延長し，又は短縮することができる。

（勤務）
第３条　出向者の就業時間，休日，休暇，休職，表彰，懲戒，その他就業に関する事項は乙の就業規則を適用する。

（出向者の給与等）
第４条　出向者の給与及び賞与は，甲が甲の給与規程に基づき出向者に支給するものとし，出向者の負担すべき所得税，住民税及び社会保険料の徴収義務は甲が行うものとする。

（社会保険）
第５条　出向者の厚生年金，健康保険及び雇用保険は，甲において付保するものとする。

（旅費）
第６条　出向者が甲から乙に赴任する際の赴任旅費は，甲の給与規程に基づき甲が負担し，乙から甲に赴任する際の赴任旅費は，乙の旅費規程に基づき乙が負担するものとする。
２　出向者の乙における業務の遂行上必要となる通勤交通費，出張旅費等は，乙の定める旅費規程に基づき，乙が負担し，甲に直接支給する。この場合において，乙は甲における出向者の社会保険料の源泉徴収事務のため，出向者の通勤交通費として乙が支給した金額を文書で通知するものとする。

（退職金）
第７条　出向者の退職金は，甲が甲の退職給与規程に基づき，甲における勤続年数に本件出向期間を通算して計算し，甲が支給する。

（給与負担金）
第８条　乙は，出向者の給与負担金として，乙の給与規程に基づき出向者の給与相当額である次の金額を毎月末日までに甲に支払う。
　月額　○○○，○○○円
２　乙は出向者の出向期間中に対する退職手当相当額として毎年３月末日を

算定基準日として乙の退職金規程を適用して次により計算した金額を負担するものとし，当該３月末日までに甲に支払うものとする。

（乙の負担する退職手当相当額）＝（甲に入社した日から算定基準日までの期間に相当する自己都合退職金）－（甲に入社した日から出向期間の初日の前日までの期間に相当する自己都合退職金）

（福利厚生）

第９条　出向者は乙のすべての福利厚生制度を利用することができる。

（社宅）

第10条　甲及び乙は，甲が借上社宅制度を有し，乙がいっさいの社宅制度を有しないことを確認する。

２　出向者が社宅を必要する場合は，甲の借上社宅制度を利用するものとし，乙はこれに係る負担を負わないものとする。

甲の給与較差補填の一つとして位置付ける。

（協議）

第11条　本契約に定めのない事項又は本契約の解釈に疑義が生じた場合は，甲及び乙は誠意をもって協議のうえ，これを解決するものとする。

上記の内容を証するため，本書２通を作成し，甲乙記名押印のうえ，各１通を保有する。

令和○年○月○日

（甲）住所

○○株式会社

代表取締役社長　○○○○

（乙）住所

○○株式会社

代表取締役社長　○○○○

(2) 出向先による給与負担金等

出向元法人が出向者に給与を支給していても，出向先がこれを負担し出向元法人に戻し入れている場合には，出向先による当該給与負担金は当該出向者に対する給与（退職所得を除く）として取り扱われることとなっている(法人税法34条，法人税基本通達9-2-45)。

役員としての出向する場合には，通達で以下のような要件が定められていることから，これらをすべて充たす形で，報酬額を確定した出向先での株主総会議事録，取締役会議事録，監査役協議書等，出向条件（出向の目的，出向期間，出向先の担当業務，出向先での役職・資格及び給与負担金の額等）が定められた出向契約等のエビデンスを残しておく必要がある。

> 法人税基本通達
> (出向先法人が支出する給与負担金に係る役員給与の取扱い)
> 9-2-46　出向者が出向先法人において役員となっている場合において，次のいずれにも該当するときは，出向先法人が支出する当該役員に係る給与負担金の支出を出向先法人における当該役員に対する給与の支給として，法第34条《役員給与の損金不算入》の規定が適用される。
> (1)　当該役員に係る給与負担金の額につき当該役員に対する給与として出向先法人の株主総会，社員総会又はこれらに準ずるものの決議がされていること。
> (2)　出向契約等において当該出向者に係る出向期間及び給与負担金の額があらかじめ定められていること。
>
> (注)
> 1　本文の取扱いの適用を受ける給与負担金についての同条第1項第2号《事前確定届出給与》に規定する届出は，出向先法人がその納税地の所轄税務署長にその出向契約等に基づき支出する給与負担金に係る定めの内容について行うこととなる。
> 2　出向先法人が給与負担金として支出した金額が出向元法人が当該出向者に支給する給与の額を超える場合のその超える部分の金額については，出向先法人にとって給与負担金としての性格はないことに留意する。

また，出向元法人が適格退職年金契約を締結している場合において，出向先法人が「**あらかじめ定めた負担区分に基づき**その出向者に係る掛金又は保険料（過去勤務債務等に係る掛金又は保険料を含む）の額を出向元法人に支出したときは」（法人税基本通達9-2-51），その支出金額は出向先法人で損金に算入できる。負担区分をあらかじめ定めていることが条件となっていることから，この点についてのエビデンスは必ず用意しておきたい。なお，労災保険については出向先で付保，雇用保険については主たる雇用関係があると認められる方で付保，健康保険・雇用年金保険は給与の支払いを行う方で付保するのが一般的である。

（3）出向元による補填給与

出向元法人が出向先法人との給与条件の較差を補填するために支給する給与は，出向元法人の損金にできる。以下の支給は，給与条件の較差を補填するために支給する給与として取り扱われている（法人税基本通達9-2-47注意書き）。いずれかに該当していることを示すエビデンスの作成は必須である。

①　出向先法人が経営不振等で出向者に賞与を支給することができないため出向元法人が当該出向者に対して支給する賞与の額
②　出向先法人が海外にあるため出向元法人が支給するいわゆる留守宅手当の額

8　決算賞与

期末に賞与を出す場合，経営成績を考課に反映させるのに時間がかかるため，実際の支給は新事業年度に割り込んでしまうことが多い。そのような場合でも，期末に賞与金額を未払計上し，期末後の支給であっても損金に算入したいところである。しかしながら，期末の賞与支給は節税策の代表的なものでもあり，当局としても目を光らせている。幸い政令と通達に詳細な規定が用意されていることから，納税者としては同政令等に則り過不足なくエビデンスを揃えることとなる。

参考　法人税法施行令

（使用人賞与の損金算入時期）

第72条の3　内国法人がその使用人に対して賞与（給与（債務の免除による利益その他の経済的な利益を含む。）のうち臨時的なもの（略）を支給する場合（略）には，これらの賞与の額について，次の各号に掲げる賞与の区分に応じ当該各号に定める事業年度において支給されたものとして，その内国法人の各事業年度の所得の金額を計算する。

一　労働協約又は就業規則により定められる支給予定日が到来している賞与（使用人にその支給額の通知がされているもので，かつ，当該支給予定日又は当該通知をした日の属する事業年度においてその支給額につき損金経理をしているものに限る。）

当該支給予定日又は当該通知をした日のいずれか遅い日の属する事業年度

二　次に掲げる要件の全てを満たす賞与

使用人にその支給額の通知をした日の属する事業年度

イ　その支給額を，各人別に，かつ，同時期に支給を受ける全ての使用人に対して通知をしていること。

> 期末に債務が確定しているといえる必要があるため，支給日ではなく通知日に在職する従業員で同時点で賞与の支給が確定している使用人を指す（法人税基本通達9-2-43）。通知漏れがあったり，通知が個別になされていなかったりするとこの要件を充たさなくなる。

ロ　イの通知をした金額を当該通知をした全ての使用人に対し当該通知をした日の属する事業年度終了の日の翌日から一月以内に支払つていること。

ハ　その支給額につきイの通知をした日の属する事業年度において損金経理をしていること。

三　前２号に掲げる賞与以外の賞与　当該賞与が支払われた日の属する事業年度

取締役会議事録　サンプル

使用人への決算賞与の支給につき，取締役会の承認まで必要かどうかは，各会社の判断，取締役会規則等の社内規程があればそれによる。

第○号議案　決算賞与の支給の件

議長から，決算賞与を下記のとおり支給したい旨の提案があり，ついで賛否を諮ったところ，出席取締役全員異議なくこれを承認可決した。

記

1　支給額　給与の1.0か月分

2　対象者　令和３年３月31日在籍者（支給日までに退職する予定の者にも支給するものとする）

3　支給日　令和３年４月25日

4　経理処理　令和３年３月期に「賞与」勘定にて未払計上

5　支払通知　対象者に対し，決算賞与の支払い通知書を３月分給与（３月25日支給分）の給与明細書の封筒に同封して交付するものとする。

以上

賞与支給通知書　サンプル

賞与支給通知書

令和4年3月30日
株式会社○○○○
代表取締役○○　○○

○○　○○　殿

貴殿の職務の功労を表し，第○期決算賞与を下記のとおり支給することを決定しましたので，通知いたします。

支給額　　○○○，○○○円
支給日　令和4年4月10日

通知をした日の属する事業年度終了日の翌日から1月以内とする。

本日貴社より通知を受け，支給額を確認しました。
令和4年3月30日
氏名　○○　○○　㊞

できれば自署する。

9　役員給与・退職金

役員給与（経済的利益を含む。以下同じ）については，その金額の決定に役員自身が関与しており利益調整の観点からも恣意的決定がなされる危険がある。そのため，給与実体に即した適正な課税を行うべく，法人税法上損金算入が制限されている。

具体的には，(1) 定期同額給与，(2) 事前確定届出給与，(3) 業績連動給与（非同族会社等に限定），(4) 退職給与，(5) 使用人分給与（賞与は他の使用人に対する支給時期と同一のものに限定される）を除いて，損金不算入となる（法人税法 34 条 1 項，同法施行令 70 条 3 号）。

また (1)～(5) に該当したとしても，職務内容や法人の収益等からして「不相当に高額な部分」は損金不算入となる（同法同条 2 項）。仮装経理で支給されたものも，売上計上漏れとセットでなされた場合，これとの相殺主張がなされるおそれがあり，このような主張を封じるために全額損金不算入とされている（同法同条 3 項）。

なお，使用人への給与・退職金であっても，役員の親族等に支給するものについては租税回避防止の観点から，役員給与・退職金同様「不相当に高額な部分」は損金不算入となる（同法 36 条）。

受け手側の関係でいえば，所得区分が給与所得か退職所得かで取扱いが大きく異なってくる。たとえ勤続年数 5 年超の者に退職金名目で支給されたものであっても，所得税法上退職所得と区分されなければ，2 分の 1 課税，分離課税，退職所得控除を行うことはできない（所得税法 30 条・22 条 3 項）。

このように役員給与・退職金については，法人税法上の損金算入要件をみたすかどうか，所得税法上のどの所得に区分されるかで，大きく税法上の取扱いが異なっており，また高額にのぼることが多いため，税務調査では特に指摘されやすい項目となっている。納税者としては，申告書の内容どおりであれば当然に残っているであろう最低限のエビデンスを作成・保存しておき，調査の際にこれらを示すことで調査官から，事実は違うのではないか，事実の法的評価に誤りがあるのではないかと疑われないことがまずもって重要である。また万が一疑われてしまった場合には，問題が大きくなる前に，その疑いを晴らすために事前準備しておいた根拠資料を積極的かつ迅速に提出することが紛争化の防止につながる。

以下では，税務調査で問題となりやすい点につき，順次述べることとする。

（1）定期同額給与

ア　定義

上述のとおり定期同額給与（法人税法34条1項1号，同法施行令69条1項）に該当すれば損金算入，該当しなければ損金不算入となる。

定期同額給与とは次のものをいう。

法人税法（法令につき下線部は筆者。以下本書につき同じ）
第34条　（略）
一　その支給時期が一月以下の一定の期間ごとである給与（次号イにおいて「定期給与」という。）で当該事業年度の各支給時期における支給額が同額であるものその他これに準ずるものとして政令で定める給与（同号において「定期同額給与」という。）

法人税法施行令
（定期同額給与の範囲等）
第69条　法第34条第1項第1号（役員給与の損金不算入）に規定する政令で定める給与は，次に掲げる給与とする。
一　第34条第1項第1号に規定する定期給与（以下第6項までにおいて「定期給与」という。）で，次に掲げる改定（以下この号において「給与改定」という。）がされた場合における当該事業年度開始の日又は給与改定前の最後の支給時期の翌日から給与改定後の最初の支給時期の前日又は当該事業年度終了の日までの間の各支給時期における支給額が同額であるもの
イ　当該事業年度開始の日の属する会計期間（法第13条第1項（事業年度の意義）に規定する会計期間をいう。以下この条において同じ。）開始の日から3月（法第75条の2第1項各号（確定申告書の提出期限の延長の特例）の指定を受けている内国法人にあっては，その指定に係る月数に2を加えた月数）を経過する日（イにおいて「3月経過日等」という。）まで（定期給与の額の改定（継続して毎年所定の時期

にされるものに限る。）が３月経過日等後にされることについて特別の事情があると認められる場合にあっては，当該改定の時期）にされた定期給与の額の改定

ロ　当該事業年度において当該内国法人の役員の職制上の地位の変更，その役員の職務の内容の重大な変更その他これらに類するやむを得ない事情（第４項第２号及び第５項第１号において「臨時改定事由」という。）によりされたこれらの役員に係る定期給与の額の改定（イに掲げる改定を除く。）

ハ　当該事業年度において当該内国法人の経営の状況が著しく悪化したことその他これに類する理由（第５項第２号において「業績悪化改定事由」という。）によりされた定期給与の額の改定（その定期給与の額を減額した改定に限り，イ及びロに掲げる改定を除く。）

二　継続的に供与される経済的な利益のうち，その供与される利益の額が毎月おおむね一定であるもの

＜以下略＞

上記条文にあるように，定期同額給与に該当するためには，次の要件をみたす必要がある。

① 支給時期が一月以下の一定の期間ごとである。

② 事業年度を通じて各支給額が同額である。

又は

③ 次のいずれかの事由が存在し，その前後で各支給額が同額である。

a　期首から３か月以内に開催する定時株主総会における金額の改定

b　臨時改定事由

c　業績悪化改定事由

役員給与の支給は，会社法上，株主総会決議事項となっていることから，これらの要件をみたす内容の株主総会議事録（取締役会等に委任している場合には，取締役会議事録等も含む）の作成・保存は最低限必要となる。

また，③のケースで定期同額給与と認めてもらうためには，a～c の事由が

確かにあったこと，すなわちaについては期首から3か月以内に開催する定時株主総会における金額の改定があった事実，bとcについてはそれぞれ「役員の職務の内容の重大な変更その他これらに類するやむを得ない事情」「当該内国法人の経営の状況が著しく悪化したことその他これに類する理由」との評価を根拠づける事実を示すことまで必要となるため，そのためのエビデンスを用意しておき，調査状況に応じて順次，迅速に提出できるようにしておきたい。

またいずれの改定の場合であっても，給与支給明細書・賃金台帳・振込通帳記録等によって改定前後で各支給金額が「同額」となっていることを示すことも求められる。

イ　定時株主総会における改定

期首から3か月以内に開催する定時株主総会で金額が改定された場合，同改定の手続きは会社法に定められていることから，エビデンスとしても，会社法の手続きの過程で作成の求められている，株主総会議事録（下位機関に委任している場合は，取締役会議事録・取締役協議書，代表取締役決定書，監査役協議書・監査役決定書等を含む）を準備しておかなければならない(会社法318条1項・369条3項等)。議事録は法定の記載事項（株主総会議事録につき会社法施行規則72条。取締役会議事録につき同規則101条3項)を網羅したものでなければならない。

内容面では，法人税法の条文上，期首から3か月以内の開催であることが要件となっているから開催日を必ず3か月以内とし，書面上も開催日が実際の開催日どおり記載されているか確認したい。同族会社の中小企業の場合，役員の登記さえできればよいということで形式的に書面作成を司法書士等の第三者に依頼することが多くみられるが，書面上の開催日時では物理的に参加が不可能となっているような役員が出席されたことになっているような議事録が残ってしまうことは，かえって会議自体を開催していないのではないかといった疑念を当局に抱かれかねず，危険である。テレビ会議やインターネット・電話での会議出席も認められているのであるから，積極的に活用し，たとえワンマン会社であったとしても現実の会議の開催と記録の作成を心がけたい。忙しい業務の中では一見意味のない無駄な時間と行為のように思えるが，それほど時間のかかることでもなく，このような手続きを踏むことで法令遵守（コンプライアンス）の意識も高まっていくので励行したい。

なお，改定前後で支給額が一定であることの意義については，定時株主総会の開催日に新しい職務執行期間が開始するため，この新しい職務執行期間に係る最初の支給時期から支給額が一定であれば足りるとされている。たとえば毎月末支給で6月25日が開催日の場合，6月25日から開始する新しい職務執行期間に係わる最初の支給時期が6月末ではなく7月末なら（このような定め方も一般的である），6月末からでなく7月末から一定であればよい（平成20年12月（平成24年4月改訂）国税庁「役員給与に関する＆A」Q2参照）。この要件をみたしていることをわかりやすく示すため，議事録では，定時株主総会開催日から開始する新しい職務執行期間に係る最初の支給時期がいつかも明記しておくとよい。

定時株主総会議事録　サンプル

株式会社○○○○

第○○回定時株主総会議事録

令和○年○月○日午前○○時○○分より，当社（住所○○○）会議室において，第○○回定時株主総会を開催した。

発行済株式の総数	○○○株
株主の総数	○名
議決権を行使することができる株主の数	○個
議決権を行使することができる株主が有する議決権の総数	○個
出席した株主の数	○名

出席した株主の議決権の数　○個

出席役員
代表取締役社長　○○　○○（議長兼議事録作成者）
専務取締役　○○　○○
常務取締役　○○　○○
取　締　役　○○　○○
取　締　役　○○　○○
監　査　役　○○　○○
監　査　役　○○　○○

上記のとおり出席があったので，本総会は適法に成立した。当社定款第○○条の規定より代表取締役である○○○○が議長となり，開会を宣し直ちに議事に入った。

報告事項
第○○期（令和○年○月○日から令和○年○月○○日まで）事業報告の件
議長の指名により，執行役員　○○　○○が事業報告を行った。
次に各議案の審議に入った。

決議事項
第１号議案　第○○期（令和○年○月○日から令和○年○月○○日まで）
貸借対照表，損益計算書，株主資本等変動計算書等承認の件
＜略＞
第２号議案　剰余金の処分の件
＜略＞
第３号議案　取締役及び監査役の報酬額改定の件
議長は，上記議案を上程し，取締役の報酬総額は使用人兼務役員に対する使用人分給与を除き，年額～円以内，監査役の報酬総額は年額～円以内とし，各取締役に対する報酬の額については，取締役会の協議に一任し，各監査役に対する報酬の額については，監査役全員の協議に委ねたい旨を説明し，議

場に諮ったところ，本議案は原案通り可決された。

以上をもって本総会の議案全部を終了したので，議長は閉会を宣し，午後○時○○分散会した。上記の決議を明確にするため，この議事録を作成し，議事録作成者が次に記名押印する。

令和○年○月○日
株式会社○○　定時株主総会
議　　　長
代表取締役　○○　○○　会社届出印
議事録作成者

取締役会議事録　サンプル

取締役会議事録

1　開催日時　令和○年○月○日　午前○時から○時○○分
2　開催場所　当会社本社会議室（住所）
3　出席役員　取締役総数○名　出席取締役数○名
なお，取締役○○はテレビ会議により参加した。
監査役総数○名　出席監査役数○名

上記のとおり，取締役全員の出席があり，本会は有効に成立した。

当会社定款○条に基づき，代表取締役○○○○が議長となり，本日の取締役会はテレビ会議システムによる参加者を含む旨を述べ，出席者が一堂に会するのと同時に適時・的確な意見表明がお互いにできる状態となっていることを確認した上で，開会を宣し，議案の審議に入った。

第１号議案　取締役の報酬額の決定の件

議長は標記の件について，第○期定時株主総会の決議により承認を受けた取締役の報酬等の総額の範囲内で，令和○年○月○日以降の各取締役の具体的な報酬金額（使用人兼務取締役の使用人分給与を除く）を以下のとおり決定したい旨を述べ，一同に諮ったところ，全員異議なく承認可決した。

(1)　月例給与（令和○年○月分（令和○年○月○日支給分）から）
　代表取締役社長　○○　○○　月額　〜円
　常務取締役　　　○○　○○　月額　〜円
　取締役　　　　　○○　○○　月額　〜円
　合　計　　　　　　　　　　　　　〜円

(2)　賞与（令和○年○月○日支給）
　代表取締役社長　○○　○○　　〜円
　常務取締役　　　○○　○○　　〜円
　取締役　　　　　○○　○○　　〜円
　合　計　　　　　　　　　　　〜円

　議長は以上をもって本日の議事を終了した旨を述べ，午前○○時閉会を宣した。
上記の決議を明らかにするため，議事録を作成し，出席取締役及び監査役が次に記名押印する。

令和○年○月○日

株式会社○○取締役会
住所
議長・代表取締役社長　○○　○○　印
常務取締役　○○　○○　印
取　締　役　○○　○○　印
監　査　役　○○　○○　印

監査役報酬決定書（監査役が一人の場合）サンプル

令和○年○月○日

○○株式会社
代表取締役社長　○○　○○　殿

監査役○○　○○

監査役報酬決定通知書

令和○年○月分（令和○年○月○日支給分）以後の監査役の月額報酬を月額○○○，○○○円とすることを決定しましたので，ご報告いたします。

以上

取締役の報酬につき取締役会に一任することがよく行われるが，その場合，株主総会の決議で取締役全員の報酬の総額を定め，その具体的な配分を取締役会の決定に委ねる形で行わなければならない。また，使用人兼務役員がいる場合には，使用人として受ける給与の体系を明確に確立した上で，使用人兼務役員については別に使用人として給与を受けることを予定していることを示す必要がある（最判昭和 60 年 3 月 26 日・集民 144 号 247 頁）。そのため議事録においても株主総会での決議額は使用人兼務取締役の使用人としての職務執行の対価を含まない額であることを明らかにしておくべきである。なお，使用人兼務役員については，法人税法上これになれない者が明記されているから，なれないとされている者のいずれにも該当しないことを，自作のチェック表等を活用して事前に確認しておくべきである（法人税法34条6項，同施行令71条，法人税基本通達9-2-4)。さらに損金算入のためには，賞与支給時期を他の使用人の賞与支給時期と同じにしておかなければならないことにも留意したい（法人税法施行令 70 条 3 号)。

ウ　臨時改定事由

臨時改定事由とは，職制上の地位の変更，職務の内容の重大な変更その他これらに類するやむを得ない事情をいう。

この点につき当局は次のように解釈している。

> 法人税基本通達
>
> 9-2-12 の 3　令第 69 条第 1 項第 1 号ロ《定期同額給与の範囲等》に規定する「役員の職制上の地位の変更，その役員の職務の内容の重大な変更その他これらに類するやむを得ない事情」とは，例えば，定時株主総会後，次の定時株主総会までの間において社長が退任したことに伴い臨時株主総会の決議により副社長が社長に就任する場合や，合併に伴いその役員の職務の内容が大幅に変更される場合をいう。
>
> (注) 役員の職制上の地位とは，定款等の規定又は総会若しくは取締役会の決議等により付与されたものをいう。

(注) にあるように，職制上の地位の変更により改定する場合には，定款変更又は株主総会もしくは取締役の決議によらなければならず，あるべき最低限のエビデンスとして，職制上の地位の変更された定款，株主総会議事録，取締役会議事録等の作成・保存が必要となる。

臨時改定事由は，通達に挙げられている例示に限定されるわけではないが，納税者とすれば，これらに該当するのであればそのことを立証する一通りの書面等を作成・保存しておけばひとまずは安心である。また，国税庁 HP では**「役員が病気で入院したことその他の事由により，当初予定されていた職務の一部又は全部の執行ができないこととなった場合」**(「役員給与に関するQ&A」Q5)，**「急逝」**(質疑応答事例法人税「役員の分掌変更に伴う増額改定(定期同額給与)」) も挙げられている。

通達等の例に該当せず，過去の裁判例・裁決例などにも是認事例としてみつからない事情を用いる場合には，例示と同じぐらいにやむをえない事情であることを納税者側から積極的に主張・立証していかなければならない。一定の法的評価にかかわってくるため，後日税務調査で揉めないよう，外部の専門家に意見を求める，あるいは事前に直接管轄税務署に問い合わせておくといった対応などが必要となってくる。

なお，取締役の職制上の変更といった場合，会社法では代表取締役，業務執行取締役といった区分しか用意されておらず（会社法363条1項），多くの会社でみられる社長，副社長，専務，常務といった職制は各会社の定款等にその法的根拠が求められるものとなっている。定款では選定方法を含めて取締役の職制を定めておき，それぞれの職務権限・業務分掌については取締役会で承認した業務分掌規程・職務権限規程にこれを定めるのが通例である。

取締役会議事録（代表取締役が急逝した場合） サンプル

取締役会議事録

1　開催日時　令和○年○月○日　午前○時から○時○○分
2　開催場所　当会社本社会議室（住所）
3　出席役員　取締役総数○名　出席取締役数○名
　　　　　　　監査役総数○名　出席監査役数○名

上記のとおり，取締役全員の出席があり，本会は有効に成立した。
取締役○○　○○選ばれて議長となり，直ちに議案の審議に入った。

第1号議案　代表取締役の選定の件
議長は，当社代表取締役○○　○○が急逝したことに伴い，○○　○○を代表取締役に選定したい旨を述べ，その承認を求めたところ，全員異議なくこれを承認可決した。

第2号議案　役付取締役の選定及び分掌変更の件
議長は，次のとおり業務執行取締役を選定したい旨を述べ，その承認を求めたところ，全員異議なくこれを承認可決した。

役職	氏名	分掌
専務取締役	○○　○○	人事・総務担当
常務取締役	○○　○○	営業担当

第３号議案　取締役の報酬額の決定の件

議長は標記の件について，第○期定時株主総会の決議により承認を受けた取締役の報酬等の総額の範囲内で，令和○年○月○日以降の各取締役の具体的な報酬金額（使用人兼務取締役の使用人分給与を除く）を以下のとおり決定したい旨を述べ，一同に諮ったところ，全員異議なく承認可決した。

(1)　月例給与（令和○年○月分（令和○年○月○日支給分）から）
代表取締役社長　○○　○○　月額　～円
常務取締役　○○　○○　月額　～円
取締役　○○　○○　月額　～円
合　計　～円

(2)　賞与（令和○年○月○日支給）
代表取締役社長　○○　○○　～円
常務取締役　○○　○○　～円
取締役　○○　○○　～円
合　計　～円

議長は以上をもって本日の議事を終了した旨を述べ，午前○○時閉会を宣した。
上記の決議を明らかにするため，議事録を作成し，出席取締役及び監査役が次に記名押印する。

令和○年○月○日
株式会社○○取締役会

住所

議長・代表取締役社長　○○　○○　印

常務取締役　○○　○○　印

取　締　役　○○　○○　印

監　査　役　○○　○○　印

エ　業績悪化改定事由

業績悪化改定事由とは，経営の状況が著しく悪化したことその他これに類する理由をいう。この点につき当局は次のように解釈している。

> 法人税基本通達
>
> 9–2–13　令第69条第1項第1号ハ《定期同額給与の範囲等》に規定する「経営の状況が著しく悪化したことその他これに類する理由」とは，経営状況が著しく悪化したことなどやむを得ず役員給与を減額せざるを得ない事情があることをいうのであるから，法人の一時的な資金繰りの都合や単に業績目標値に達しなかったことなどはこれに含まれないことに留意する。

また，国税庁HPでは次例①～③の事由が経営状況悪化事由として例示されている（「役員給与に関するQ&A」Q1）。

例①　株主との関係上，業績や財務状況の悪化についての役員としての経営上の責任から役員給与の額を減額せざるを得ない場合

役員の不祥事により業績等が悪化したような場合に，責任をとる形で減俸するような例が典型である。同族会社で株主と役員が親族関係にあるような会社については，これに「該当するケースがないわけではありませんが，そのような場合には，**役員給与の額を減額せざるを得ない客観的かつ特別の事情を具体的に説明できるようにしておく必要があることに留意してください。**」といった記載があるため，具体的な説明内容とそれらを立証するエビデンスについては事前に検討・準備しておきたい。

例②　取引銀行との間で行われる借入金返済リスケジュールの協議において，役員給与の額を減額せざるを得ない場合

「取引銀行との協議状況等により，これに該当することが判断できる」との記載があり，納税者としては協議状況等のわかる経営者会議や取締役会の議事録の作成・保存，協議において作成した内部資料や取引銀行の作成資料等の保存が求められる。

例③　業績や財務状況又は資金繰りが悪化したため，取引先等の利害関係者からの信用を維持・確保する必要性から，経営状況の改善を図るための計画が策定され，これに役員給与の額の減額が盛り込まれた場合

「この場合，その計画は取引先等の利害関係者からの信用を維持・確保することを目的として策定されるものであるので，利害関係者から開示等の求めがあればこれに応じられるものということになります。」との記載がみられ，利害関係者への開示を前提とした「経営状況の改善を図るための計画」の記載された書面の作成・保存は最低限必要となる。

なお，「経営の状況が著しく悪化」については，経常利益前年比６％の減少程度では足りないとした審判例があり（国税不服審判所裁決平成 23 年１月 25 日・裁事 82），参考になる。

取締役会議事録　サンプル

第○号議案　取締役の報酬額改定の件

議長は，別紙資料１に基づき，当社の業績が当期に入ってから著しく悪化し，第２四半期決算で○○億円の純損失を計上し年度決算においても○○億円の当期純損失となる見込みであることを説明した。<以下の改定理由>

<株主との関係上行われる減額>

これらの業績の悪化は，別紙資料２にある不祥事が主な原因と考えられ，株主に対しかかる不祥事の発生を防止できなかった役員の経営上の責任を明

確に示す必要がある旨を述べ，

＜取引銀行への返済との関係で行われる減額＞
これらの業績の悪化に伴い，別紙資料２のとおり○○銀行と借入金返済のリスケジュールについて令和○年○月より交渉してきたところであるが，同行からは役員給与の減額を条件としてリスケジュールの承諾を得られる見込みであることを説明し，

＜取引先等の関係で行われる減額＞
これらの業績の悪化に鑑み，当社は取引先の信用を維持・確保するために，別紙資料２のとおり経営改善計画を策定した旨説明し，

ついては各取締役から同意を得ることを条件に，取締役の月額を以下のとおり改定したい旨を諮ったところ，出席取締役全員の賛成を得たので原案どおり承認可決した。

			改定前	改定後
代表取締役社長	○○	○○	月額　～円	月額　～円
常務取締役	○○	○○	月額　～円	月額　～円
取締役	○○	○○	月額　～円	月額　～円

ところで，会社法上，株主総会決議で定まった限度額内でいったん定まった報酬を減額する場合には，当該株主総会決議との抵触はないため，改めて株主総会の決議に諮る必要はなく，取締役会限りでこれが可能である。

ただし，いったん各取締役の報酬等の額が具体的に定められた場合，その額は当該取締役と会社との間の委任契約の内容となるため（会社法330条，民法643条以下），仮に後日において当該取締役の職務内容に著しい変更があっても，同人の同意がない限り，株主総会決議によっても一方的な減額はできないと解されている（最判平成4年12月18日・民集46巻9号3006頁）。

実務的には事前に各取締役との委任契約の中で取締役会決議による事後的

な変更につき包括的同意を得ておく工夫も考えられるところであるが，個別の同意書が別途得られるのであれば，これを得ておいた方がよい。

なお，報酬等が個人ごとでなく役職ごとに定められ，当該報酬等の定め方・慣行を了知したうえで取締役に就任したケースで，当該取締役については任期中の役職の変動に伴う報酬等の減額に黙示に同意しているとした裁判例がある（東京地判平成２年４月20日・判時1350号138頁）。

また，個別の同意時期であるが，支給時期後の同意だと，いったん報酬が発生したのちに返納する形になってしまい源泉漏れ，免除益が発生してしまうため，これを防ぐためにも意味でも，減額の個別同意は，支給時期前，報酬請求権発生前に確実にとっておきたい。

取締役の減額同意書　サンプル

令和○年○月○日

○○株式会社
代表取締役社長　○○　○○殿

取締役○○　○○　㊞

同意書

私は，令和○年○月○日開催の取締役会において決議された私に対する役員給与の下記減給処分に同意いたします。

記

1　現在の給与の額　　月額○○○，○○○円
2　減給される割合　　～％
3　減給後の給与の額　月額○○○，○○○円

4　減額の期間　　　令和○年○月分（令和○年○月○日支給分）～
令和○年○月分（令和○年○月○日支給分）

以上

(2) 事前確定届出給与

事前確定届出給与の損金算入については，非同族会社で定期給与を支給しない役員に対するものを除いて，所轄税務署長への届出が必要であることから，当然のことながらこのような場合には法所定の内容を記載した書類で期限内にこれを届け出ておかなければならない（法人税法34条1項2号イ，同法施行令69条4項以下，同法施行規則22条の3)。

参考　法人税法施行令

第69条（略）

4　法第34条第1項第2号イに規定する届出は，第1号に掲げる日（第2号に規定する臨時改定事由が生じた場合における同号の役員の職務についてした同号の定めの内容に関する届出については，次に掲げる日のうちいずれか遅い日。第7項において「届出期限」という。）までに，財務省令で定める事項を記載した書類をもつてしなければならない。

一　株主総会等の決議により法第34条第1項第2号の役員の職務につき同号の定めをした場合における当該決議をした日（同日がその職務の執行の開始の日後である場合にあっては，当該開始の日）から1月を経過する日

（略）

二　臨時改定事由（当該臨時改定事由により当該臨時改定事由に係る役員の職務につき法第34条第1項第2号の定めをした場合（当該役員の当該臨時改定事由が生ずる直前の職務につき同号の定めがあつた場合を除く。）における当該臨時改定事由に限る。）が生じた日から1月を経過する日

5　法第34条第1項第2号に規定する定めに基づいて支給する給与につき既に前項又はこの項の規定による届出（以下この項において「直前届出」という。）をしている内国法人が当該直前届出に係る定めの内容を変更する場合において，その変更が次の各号に掲げる事由に基因するものであるとき（略）は，当該変更後の法第34条第1項第2号イに規定する定めの内容に関する届出は，前項の規定にかかわらず，当該各号に掲げる事由の

区分に応じ当該各号に定める日（第7項において「変更届出期限」という。）までに，財務省令で定める事項を記載した書類をもつてしなければならない。

一　臨時改定事由　当該臨時改定事由が生じた日から1月を経過する日

二　業績悪化改定事由　当該業績悪化改定事由によりその定めの内容の変更に関する株主総会等の決議をした日から1月を経過する日（当該変更前の当該直前届出に係る定めに基づく給与の支給の日（当該決議をした日後最初に到来するものに限る。）が当該1月を経過する日前にある場合には，当該支給の日の前日）

＜以下略＞

事前確定届出給与は支給の対象となる職務執行期間（定時総会から翌定時総会までの期間）の開始前の同期間の報酬の届出であるから，たとえば前期の経営成績を考課して支給する利益処分賞与を前期に未払金計上しておいて，後日所轄税務署長に届出を行うことで前期の損金に算入するといったことはできない。そのため，対象となる職務執行期間開始前の同期間の報酬の決定であるにもかかわらず，たとえば「前事業年度末時点において在籍する取締役に対して支給する」「前事業年度の業績等を考慮し支給する」といった前期の経営成績を考課して支給する利益処分賞与であるかのような記載を株主総会議事録や取締役会議事録において行うことは控えなければならない。

また，事前確定届出給与のその定義からして，支給は届出のとおりに行わなければならない。届出どおりに支払わない場合，たとえ減額して支払った場合でもその全額が損金不算入となってしまう（法人税基本通達9-2-14）。

参考　損金算入可能な報酬支払方法としては上記以外に業績連動給与があるが，これは原則として同族会社以外で認められているものである（法人税法34条1項）。業績連動給与が認められるための要件は細かく法令に規定されていることから，それにそったエビデンスを用意しておきたい。たとえば株主総会議事録についていえば，業績連動給与はすべての業務執行役員を対象とする必要があるため（法人税法34条1項3号），対象となる業務執行役員全員の名前を記載しておいた方がよい。また報酬の支払日は利益に関する指標が確定したとき（定時株主総会で計算書類の承認をうけたとき。法人税基本通達9-2-20）から1か月以内（法人税法施行令69条10項）とされているため，支払い日の記載は定時株主総会日から一か月以内の日としておかなければならない。加えて，会社法上，業績連動報酬制度は人為的な操作が可能な業績指標を算定基準とする危険があるため，議案を提出した取締役は株主総会においてその算定方法を相当とする理由を説明しなければならないとされている（会社法361条2項）。そのため，同議事録では当該理由を明記しておくべきである。

(3) 退職給与

ア　退職の事実・実質的に退職したと同様の事情

法人税法上，役員退職慰労金として損金算入を行うには，退職の事実があるか，あるいは役員の分掌変更等に伴い「実質的に退職したと同様の事情があると認められる」（法人税基本通達 9-2-32）必要がある。

> 法人税基本通達
> （役員の分掌変更等の場合の退職給与）
> 9-2-32　法人が役員の分掌変更又は改選による再任等に際しその役員に対し退職給与として支給した給与については，その支給が，例えば次に掲げるような事実があったことによるものであるなど，その分掌変更等によりその役員としての地位又は職務の内容が激変し，実質的に退職したと同様の事情にあると認められることによるものである場合には，これを退職給与として取り扱うことができる。
> (1)　常勤役員が非常勤役員（常時勤務していないものであっても代表権を有する者及び代表権は有しないが実質的にその法人の経営上主要な地位を占めていると認められる者を除く。）になったこと。
> (2)　取締役が監査役（監査役でありながら実質的にその法人の経営上主要な地位を占めていると認められる者及びその法人の株主等で令第 71 条第 1 項第 5 号《使用人兼務役員とされない役員》に掲げる要件の全てを満たしている者を除く。）になったこと。
> (3)　分掌変更等の後におけるその役員（その分掌変更等の後においてもその法人の経営上主要な地位を占めていると認められる者を除く。）の給与が激減（おおむね 50 %以上の減少）したこと。
> （注）本文の「退職給与として支給した給与」には，原則として，法人が未払金等に計上した場合の当該未払金等の額は含まれない。

役員の退職の事実の有無，分掌変更等によるその役員としての地位又は職務の内容の激変の有無は，税法の観点から判断される。すなわち課税の公平といった税法特有の観点や損金算入の根拠となっている法人税法の条文の趣旨をくんだうえで，実質的にみてどうであったかという評価を伴って最終的な事実認定とあてはめ（事実評価）が行われる。そのため納税者としては形式的に退職した，地位が変わったといった事実主張を行うだけではなく，実質的にも退職した，地位や職務の内容が大きく変わったといった評価を基礎づける間接事実，たとえば退職者の出勤状況，重要な会議への出席状況，後任者の業務内容などについても，当局から問題視された場合には積極的に主張立証できるようにエビデンスを準備しておきたい。

＜地位の激変に関連する間接事実を検討する上でのポイント＞

・後任者に経営を任せているか，後任者はこれを実際に行っているか。
・後任者に経営の能力（実務への精通，経営知識の有無）があるか。
・社長室への出入りが続いていないか，後任者がこれを使用しているか。
・同じ会社の役員にとどまっていないか[(注1)(注2)]。
・相手方が交代に気づかず引き続き「社長」と呼んでいないか。

（注１）各グループ会社間の垣根が不分明な場合，グループ全体にまで視野を広げ，グループ全体からみた実質的な役職の変化まで考慮する必要がある。

（注２）同じ役員でも非常勤役員や経営にタッチしない監査役への変更は説明がつきやすい（法人税基本通達 9–2–32（1）（2））。

＜職務内容の激変に関連する間接事実を検討する上でのポイント＞

・従前と同様又は従前に近い程度に業務を行っていないか[(注)]。
・業務の分量や勤務形態に変化はあるか。
・対外的交渉（営業面）において変化があるか。
・主要な取引先との関係等で重要な役割を果たしていないか。
・稟議書の決裁判断を引き続き行っていないか。
・方針決定権限を実質的にみても失っているか。
・実務の報告あるいは相談先となり続けていないか。

（注）別団体の代表者に就任した場合であっても具体的な職務内容や自らのかかわり方に相当異なるところがあるとして退職があったことを認めた例として大阪地判平成 20 年 2 月 29 日・判タ 1268 号 164 頁がある。

＜分掌変更後の給与（処遇）の激減に関連する間接事実を検討する上でのポイント＞

・同じ法人内の場合，おおむね 50 %以上の減少（法人税基本通達 9–2–32 (3)）があるか（注）。
・移転先の退職金算出の基礎となる勤続年数が移転後のものとなっているか。

（注）同じ法人内で異なる団体への移動の場合の場合，約 21～30 %の減少をもって退職として認めたものとして上記大阪地判がある。

イ　損金算入時期

役員退職慰労金については，支給額が高額になることもあって，損金算入の時期についても注意が必要である。原則は，株主総会の決議等により額が具体的に確定した日の属する事業年度に損金算入が認められるが（法人税法 34 条，同法施行令 70 条，法人税基本通達 9–2–28・9–2–29），例外的に損金経理を要件に実際に支払った事業年度に損金算入することもできる（法人税基本通達 9–2–28）。原則的な処理による場合，支給を決議した株主総会議事録や取締役会議事録等においても，金額が具体的に確定したこととその確定日を明確に記載しておきたい。

ウ　支給金額の決定方法

会社法においては退職慰労金の支給については，定款又は株主総会決議で金額を定めることが求められているが（会社法 361 条 1 項 1 号，同法施行規則 63 条 7 号ロ・82 条 1 項 1 号 4 号 2 項），退任役員は 1 人のことが多いことから定款又は株主総会決議で金額を定めてしまうと当該役員に対する支給額が明らかになってしまうため，それを嫌って，具体的な金額・支給期日・支給方法については取締役会又は取締役の過半数による決定に一任することが実務上は多くなされている。裁判実務上は，このような場合でも無条件な一任は許されておらず，支給基準（会社業績，退任取締役の地位・勤続年数，功績等から決まるのが通例）を株主が推知しうる状況において，当該基準に従い決定すべきことを委任する趣旨の決議であれば無効ではないと取り扱われている（最判昭和 39 年 12 月 11 日・民集 18 巻 10 号 2143 頁）。役員報酬の決定においては支給総額の限度額の決定まで株主総会決議で行う必要があるとされている一方で，退職慰労金の支給においては対象となる退任取締役は取締役会での決定に参加しないこともあってか，株主総会で決議された支給基準に従ってさえいればよいと，比較的緩やかな基準で取締役会等への一任決議が認められている。

以上のような会社法上のルールを無視して，たとえば株主総会の上記最判の要件を充たした一任決議がなく取締役会だけで決定して金額を損金経理で未払金計上しても損金算入は認められないので注意したい（法人税基本通達 9-2-28・9-2-29）。

退職慰労金の支給基準については事前に役員退職慰労金規程といった形で準備しておくことも考えられる。これを設けた場合，金額が硬直的になる，特別の事情がない限り該当する役員全員に支給しなければならなくなるといったデメリットも考慮しなければならないが，このような規程があることで，会計上は役員在任中に発生する役員退職慰労引当金を適切に計上しやすくなり，死亡退職金の支給の場合に支給額や支払い先等をめぐって遺族とのトラブル回避にも役にたちうるといったメリットも生じてくる。もっとも，規程で定めたとしても後述の不相当に高額な退職慰労金の問題を回避できるわけなく，社内での形式的な限度額を定めただけに過ぎないことから，実際の支給時には不相当に高額な退職慰労金と評価されないように比較法人の支給状況も踏まえた上で具体的な支給額等を決定する必要がある。なお，退職慰労金規程については株主から閲覧請求があった場合にはこれに応じ閲覧に供しなければならないこととなっている（会社法施行規則 82 条 2 項）。

臨時株主総会議事録（退職慰労金支給の一任決議）サンプル

株式会社○○○○

臨時株主総会議事録

令和○年○月○日午前○○時○○分より，当社（住所○○○）会議室において，臨時株主総会を開催した。

発行済株式の総数	○○○株
株主の総数	○　名
議決権を行使することができる株主の数	○　個
議決権を行使することができる株主が有する議決権の総数	○　個
出席した株主の数	○　名
出席した株主の議決権の数	○　個

出席役員

代表取締役社長	○○　○○（議長兼議事録作成者）
専務取締役	○○　○○
常務取締役	○○　○○
取　締　役	○○　○○
取　締　役	○○　○○
監　査　役	○○　○○
監　査　役	○○　○○

上記のとおり出席があったので，本総会は適法に成立した。当社定款第○○条の規定より代表取締役である○○　○○が議長となり，開会を宣し直ちに議事に入った。

決議事項

第１号議案　退任代表取締役に対する役員退職慰労金贈呈の件

議長より，下記の退任代表取締役に対し，在任中の労に報いるため，当社役員退職慰労金支給規程の基準に従って退職慰労金を贈呈することとし，その具体的金額，贈呈の時期，方法等は取締役会に一任願いたい旨説明し，議場に諮ったところ，本議案は満場一致をもって原案通り可決された。

＜退任取締役の略歴＞

氏名	略歴
○○　○○	昭和○年○月　当社代表取締役就任 令和○年○月　当社代表取締役退任

以上をもって本総会の議案全部を終了したので，議長は閉会を宣し，午後○時○○分散会した。上記の決議を明確にするため，この議事録を作成し，議事録作成者が次に記名押印する。

令和○年○月○日
株式会社○○　臨時株主総会
議　　　長
代表取締役　○○　○○　会社届出印
議事録作成者

取締役会議事録（退職慰労金支給額等の決定）サンプル

取締役会議事録

1　開催日時　令和○年○月○日　午前○時から○時○○分
2　開催場所　当会社本社会議室（住所）
3　出席役員　取締役総数○名　出席取締役数○名
　　　　　　　監査役総数○名　出席監査役数○名

上記のとおり，取締役全員の出席があり，本会は有効に成立した。
当会社定款○条に基づき，代表取締役○○　○○が議長となり，直ちに議案の審議に入った。

第１号議案　退任代表取締役に対する退職慰労金贈呈の件

議長は，令和○年○月○日，代表取締役を退任した○○　○○氏に対し，本日開催の臨時株主総会において，当社退職慰労金支給規程の基準に従って相当額の範囲内にて退職慰労金を贈呈することとし，その具体的金額，贈呈の時期及び方法等については，取締役会に一任することと決議されたので，下記のとおり退職慰労金を贈呈したい旨を諮ったところ，出席取締役全員異議なくこれを承認可決した。

記

(1) 退職慰労金の額　○○，○○○，○○○円
(2) 贈呈の時期　令和○年○月○日
(3) 贈呈の方法　全額を一括して銀行振込により支払う。

議長は以上をもって本日の議事を終了した旨を述べ，午前○○時閉会を宣した。

上記の決議を明らかにするため，議事録を作成し，出席取締役及び監査役が次に記名押印する。

令和○年○月○日

株式会社○○取締役会
住所
議長・代表取締役　○○　○○　届出印
専務取締役　○○　○○　印
常務取締役　○○　○○　印
取　締　役　○○　○○　印
取　締　役　○○　○○　印
監　査　役　○○　○○　印

(4) 不相当に高額な役員給与

冒頭で述べたとおり役員に支給する給与が定期同額給与・事前確定届出給与・退職給与等に該当したとしても,「不相当に高額な部分」は損金不算入となる(法人税法34条2項)。役員給与の「不相当に高額な部分」の金額は,以下の基準によって算定される。

> 法人税法施行令
> (過大な役員給与の額)
> 第70条　法第34条第2項(役員給与の損金不算入)に規定する政令で定める金額は,次に掲げる金額の合計額とする。
> 一　次に掲げる金額のうちいずれか多い金額
> イ　内国法人が各事業年度においてその役員に対して支給した給与(法第34条第2項に規定する給与のうち,退職給与以外のものをいう。以下この号において同じ。)の額(第3号に掲げる金額に相当する金額を除く。)が,当該役員の職務の内容,その内国法人の収益及びその使用人に対する給与の支給の状況,その内国法人と同種の事業を営む法人でその事業規模が類似するものの役員に対する給与の支給の状況等に照らし,当該役員の職務に対する対価として相当であると認められる金額を超える場合におけるその超える部分の金額(その役員の数が2以上である場合には,これらの役員に係る当該超える部分の金額の合計額)
> ロ　定款の規定又は株主総会,社員総会若しくはこれらに準ずるものの決議により役員に対する給与として支給することができる金銭の額の限度額～略～を超える場合におけるその超える部分の金額(同号に掲げる金額がある場合には,当該超える部分の金額から同号に掲げる金額に相当する金額を控除した金額)
> ＜以下略＞

上記法令のとおり過大役員給与については,法人税法施行令70条1号のイ(実質基準)と同ロ(形式基準)の二つが用意されており,超過額の多い方で否認されることとなる。もっとも，ロの形式基準を超えて支給することは，会社法上も許されておらず，超過支給は，通常はエビデンス等を準備する段階で判明することから，税務調査で予期せぬ指摘を受けることはあまり考えられない。税務調査でもめることが多いのは，イの実質基準による超過部分の有無の方である。

実質基準による超過部分は，主に次の要素に鑑みて判断されることとされている。

① 当該役員の職務の内容
② その内国法人の収益の状況
③ その使用人に対する給与の支給の状況
④ その内国法人と同種の事業を営む法人でその事業規模が類似するものの役員に対する給与の支給の状況

特に最後の④の要素については，非上場会社の場合，納税者側にアクセスできる情報が限られているため，当局と争いとなることが多い。また新規事業を展開し急成長している会社においては比較しうる類似法人がそもそも存在しないこともある。地域ごとに置かれている経済状況も異なることから類似法人としてどの法人を抽出するかで税務調査やその後の不服申し立て・税務訴訟において対立することもしばしばである。

上記法令の「同種の事業」の意義について明記した条文はないが，過去の裁判例では，日本標準産業分類（総務庁）の分類項目によって「同種の事業」を判断していることが多い（たとえば名古屋地判平成6年6月15日・訟務月報41巻9号2460頁）。また，日本標準産業分類の分類項目だけではなく，商品やサービスの内容，事業形態（外注比率など）の類似性を勘案したうえで，「同種の事業」であるかを判断するものもある（たとえば東京地判平成22年6月8日・税務訴訟資料260号順号11449）。

「事業規模が類似する」の意義についても明記した条文はないが，実務においては売上高，改定営業利益（役員給与控除前の営業利益）及び総資産等の法人の事業規模を示す要素について，対象法人の0.5倍以上2倍以下の法人を選定することが一般的であり（このような選定基準を「倍半基準」という），裁判例でも，倍半基準による類似法人の抽出に一定の合理性があるとするものがある（東京地判平成22年9月10日・税務訴訟資料260号順号11507など）。

仮に適当な類似法人が存在しない場合には，納税者としては，④以外の要素，すなわち①職務の内容，②法人の収益の状況，③使用人の給与の支給状況といった内部的な要素から，職務に対する対価として相当であることを積極的に主張・立証していくことになる。この点，過去の裁判例では，処分の対象となった事業年度より前の事業年度を基準事業年度として，処分の対象となった事業年度における売上高，売上総利益及び使用人に対する給与の支給額の基準事業年度からの増減割合と，役員給与（平成18年の法人税法改正前においては役員報酬。以下，同じ）の支給額の基準事業年度からの増減割合の比較をすることによって役員給与の中に「不相当に高額な部分の金額」を含むか否かの検証をしているものが多くみられる（熊本地判平成15年9月26日・税務訴訟資料253号，名古屋地判平成11年5月17日・税務訴訟資料242号602頁など）。「(役員）報酬の決定に当たっては，〜原告の売上金額の増加（約1.43倍）を基本とし，これに売上総利益の増加（約2.25倍）を加味して行うのが最も合理的と考えられる」とした上で，「前年度の1.5倍までの範囲で増額がされた場合には，相当な報酬の範囲内にあるものといえる。」と判断したものもある（名古屋高判平成7年3月30日・税務訴訟資料208号1081頁）。

また，条文で直接明記されてはいるわけではないが，役員給与は役員への職務対価であることから，その金額の相当性を判断するにあたっては，⑤当該役員の内国法人に対す貢献度も考慮されなくてはならないと解されている。もっとも，この種の貢献度は外からはみえにくく，この点を税務調査で当局に頭ごなしに否定されることはこれまで苦労に苦労を重ねてきた経営者の自尊心をも傷つけ，その評価をめぐって課税庁と揉めることが多い。調査官としても明確な根拠も見い出せないまま納税者の主張を鵜呑みにするわけにもいかず，納税者としてはこのような調査官の立場をも理解した上で，貢献度の高い役員に対して高額の報酬を支給する場合には，当該会社の利益の増減に対して当該役員の職務がどのように貢献したかを示せる書面（事業報告書，提案書，調査書，議事録等）を事前に作成し保存しておくべきである。仮に税務調査で問題視された場合には，この種の社内に残されたエビデンスや関係者へのヒアリング等に基づき，役員給与控除前経常利益等の増減要因を分析したうえで当該役員の貢献度を法的に評価する意見書の作成を弁護士・公認会計士・税理士といった外部の専門家に依頼し，当局へ提出することも効果的である。

以上のように役員給与の相当性をめぐっては複数の要素から多角的に分析することが必要となることから，これを指摘する課税庁としてもそれ相応の手間暇を要し説得的な根拠も用意しなければならないため処分まで行うことには慎重になることが多い。他方，たとえば同族会社の中小企業において多くみられる次のような例では，勤務実態等から支給金額が不相当であることが簡単に立証できてしまうことから，税務調査では特に指摘や処分も受けやすく最も危険なケースといえる。

例１　代表取締役の妻（常勤取締役）に対し年 2,400 万円の支給

⇨ところが出勤日数は１か月に１～2 回で，組織図に記載もなく，専用の机もない。

課税庁から非常勤取締役として評価され，たとえば年額 130 万円を超える部分が否認されてしまう。

例２　代表取締役の母（非常勤取締役）に対する年 3,600 万円の支給

⇨ところが出勤日時の管理がなく，仕事内容を明らかにする書類の作成もない。
出社時には空いている机を適当に使用していた。

課税庁から，たとえば年額 180 万円を超える部分が否認されてしまう。

親族を監査役に据えるケースも同様に危険である。監査役の一般的な報酬の目安は，常勤で約500～1,500万円，非常勤で約100～500万円であるが，まずは支給している報酬の絶対額について多すぎないか検討しておきたい。次に，勤務実態につき，常勤監査役（目安として週３日の出勤）は以下のような業務を行うことが可能であることから，このような作業を行っていることを示せるエビデンス（組織図・配席図への記載，出社状況の管理，執務内容の報告書等）をいつでも提出できるように準備しておきたい。

・各種会議体（株主総会・取締役会・役員会）への出席と意見陳述
・上記会議体の議事録のチェック
・稟議書等社内決裁書類のチェック
・帳簿書類のチェック
・顧問税理士との打合せへの参加

なお同族会社の中小企業の場合，定款で全株式に譲渡制限をかけ，監査役の監査の範囲を会計監査（計算書類・附属明細書の事前チェック）に限定していることが多くみられる（会社法389条１項）。そのような場合に，業務監査（取締役の職務の執行・取締役の経営判断が法令・定款を遵守して行われているかのチェック）の業務実態（たとえば稟議書等の社内決済書類を日々チェックしているといったこと）を示すことはかえって自社の定款の内容を理解しておらずコンプライアンス（法令遵守）の精神に乏しいとの評価を受け，最悪の場合には各種エビデンスの偽造さえも疑われる事態になりかねない。自社の定款で監査役の監査範囲に制限がかかっていないかは必ず事前に確認しておきたい。

（5）不相当に高額な退職給与

退職給与等についても「不相当に高額な部分」は損金不算入となる（法人税法 34 条 2 項）。

退職給与の「不相当に高額な部分」の金額は，以下の基準によって算定される。

> 法人税法施行令
>
> （過大な役員給与の額）
>
> 第 70 条　法第 34 条第 2 項（役員給与の損金不算入）に規定する政令で定める金額は，次に掲げる金額の合計額とする。
>
> 一　＜略＞
>
> 二　内国法人が各事業年度においてその退職した役員に対して支給した退職給与（法第 34 条第 1 項又は第 3 項の規定の適用があるものを除く。以下この号において同じ。）の額が，当該役員のその内国法人の業務に従事した期間，その退職の事情，その内国法人と同種の事業を営む法人でその事業規模が類似するものの役員に対する退職給与の支給の状況等に照らし，その退職した役員に対する退職給与として相当であると認められる金額を超える場合におけるその超える部分の金額

上記法令では過大退職給与を判定するうえで考慮すべき要素が挙げられているものの，最終的には「その退職した役員に対する退職給与として相当」か否かという抽象的な総合判断を事例ごとにせざるをえない定めとなっていることから，相当か否かはふたを開けてみなければわからない，といった側面が強いものとなっている。そのため，このままでは実務に耐えられないということで，税務上否認されない退職慰労金額を考えるにあたっては，次のア，イのような算式が持ち出されることが多い（功績倍率法につき法人税基本通達 9-2-27 の 2（注））。

ア　功績倍率法

限度額＝最終月額報酬×勤続年数×功績倍率

（＝役員係数×功労加算）

（注）役員退職慰労金規程における記載では，社長につき役員係数３とした場合，個別事情からくるさらなる功労加算は最大で３割増しまで，とすることが多い。この場合，功績倍率は3×1.3（＝3.9）となる。

イ　１年当たり平均額法

限度額 ＝ $\dfrac{\text{同業類似法人の勤続年数１年}}{\text{当たりの平均退職給与額}}$ × 勤続年数

アの功績倍率法についていえば，最終月額報酬により個別の功労等の事情を，勤続年数により「従事した期間」を，功績倍率により「退職の事情」や同業類似法人の「支給の状況」等を考慮し取り込んだ上で計算を行うこととなる。功績倍率法の功績倍率は，法人の給与支払能力など役員退職給与額に影響を及ぼすその他一切の事情を総合評価した指数ということになるが，その功績倍率として，同業類似法人の役員退職給与の支給事例における功績倍率の平均値を用いるのが平均功績倍率法，同業類似法人の役員退職給与の支給事例の最高値を用いるのが，最高功績倍率法である。最近の裁判例では，平均功績倍率法が法人税施行令70条２号の趣旨に最もよく合致する方法であることを述べるものが多い（札幌地判平成11年12月10日・月報47巻５号1226頁，東京地判平成29年10月13日・公刊物未掲載など）。比較法人の類似性に疑問がある場合や抽出された数値が低過ぎる場合などに最高功績倍率法により適正額を算定した裁判例も一定程度存在している（仙台高判平成10年４月７日・税務訴訟資料231号470他）。

役員退職規程では功績倍率にあたる役位係数では会長や社長で3.0と定めるものが多いが，この係数は，上記法令の掲げる考慮要素の一つである「その内国法人と同種の事業を営む法人でその事業規模が類似するものの役員に対する退職給与の支給の状況」を必ずしも反映したものとなっていないことには注意が必要である。一般に安全と考えられている功績倍率3.0でも否認されている裁判例もあり（東京高判平成25年7月18日・税務訴訟資料263号順号12261では功績倍率1.18が適当とされた），実際に支給する際には同業類似法人において採用された功績倍率の平均値の確認もできる範囲でやっておきたい。もっとも，非上場の中小企業の場合，当局のようにKSKシステムを使って瞬時に全国規模でデータの抽出を行うこともできず，納税者側がこの手の情報へアクセスすることはかなり難しいのが現状である。対象法人がTKC全国会の会員が関与しているものに限られているが，TKC全国会の発行するY-BASTのデータを活用することも一策である。同業類似法人の抽出においては管轄国税局管区を超えて抽出するなど，できるだけ保守的に行うと安心である。なお，功労加算については，融資の際に保証人となった程度ではできないと解されていることにも留意したい。

他方で当局の側でも「不相当に高額な部分の金額」の算定が納税者にとって困難なことは認識しているものと思われ，この点について納税者に要求しているハードルはさほど高くないものとも考えられる。実際にも税務調査で指摘され否認された例は，損金算入額が高額に過ぎ，あまりに適正額から離れすぎていたことに加え，法令の掲げる考慮要素を無視したものであることが多い。結果的に計算された金額等からみて多少とも否認されるのではないかといった不安が残るほど高額な支給を行う場合や実際に税務調査において指摘を受けた場合には，現在の判例実務の状況や収集しえた比較法人の情報等との比較に基づき税務上の観点から適正額といえるかどうかにつき，弁護士・税理士等の専門家に意見書の作成を依頼するなどして，納税者側のスタンスをまとめた書面を準備しておき，いざというときに備えておくことをお薦めしたい。

10　交際費・飲食費・会議費・福利厚生費

交際費とそれと似て非なる会議費・福利厚生費などはどれに区分されるかによって税務上の効果が異なってくるため，区分につき税務調査でもよく問題となりやすい。

(1) 交際費等

税務上の交際費等（名目としては接待費・機密費等も含まれることから「等」が付されている）については，まずはその通達上の定義から押えておきたい。

> 租税特別措置法関係通達
> （交際費等の意義）
> 61の4 (1)-1　措置法第61条の4第4項に規定する「交際費等」とは，交際費，接待費，機密費，その他の費用で法人がその得意先，仕入先その他事業に関係のある者等に対する接待，供応，慰安，贈答その他これらに類する行為のために支出するものをいうのであるが，主として次に掲げるような性質を有するものは交際費等には含まれないものとする
> (1)　寄附金
> (2)　値引き及び割戻し
> (3)　広告宣伝費
> (4)　福利厚生費
> (5)　給与等

支出の相手方が事業に関係のある者等（間接的な利害関係のあるもの，当該法人の役員・従業員・株主等も含まれる。租税特別措置法関係通達61の4(1)-22）に限定されていること，支出の目的が接待・贈答等に限定されていること，広告宣伝費・福利厚生費等は含まないことに注意したい（広告宣伝費・福利厚生費との区別については租税特別措置法関係通達61の4(1)-9・10参照）。

損金算入時期は，接待等の事実があった事業年度になる。

税務上の交際費等は，原則として損金不算入となるため，本来は交際費等に区分されるべき支出が「交際費周辺科目」（会議費・福利厚生費など）で経理処理されていないか，税務調査ではチェックされる。

また交際費等に区分されている支出であっても役員の個人的な費用に該当するもの（役員賞与に認定できるものなど）が含まれていないかにつき税務調査ではチェックされる。交際費等は税務上不利な取扱いを受けるため，納税者としては交際費等として処理していれば否認されないだろうと考えがちであるが，税務上は役員賞与として認定されるとさらに不利な取扱いとなるため，このような指摘は税務調査でよくなされているので気をつけたい。

＜交際費等と処理したものが役員賞与とされた場合＞

法人税	全額損金不算入。重加算税の可能性もある。
所得税	源泉所得税の追徴。不納付加算税。
消費税	課税仕入れから不課税仕入れとなる。

役員の個人的な費用とされる例としては，個人的なキャバクラ・スナック等の飲食費を得意先の接待として交際費処理しているケース，私的な買い物を得意先への贈答品であるとして交際費処理しているケース，家族旅行にかかった費用を研究開発費として処理しているケースなどが挙げられる。

当局の主な着眼点としては次のようなものが挙げられる。

・飲食店の場所が自宅に近い場所でないか。
・仕事が休みの日の飲食代が含まれていないか。
・同日，同時間帯，同一人物の領収書がないか。
（他人の領収書を使用している可能性がある）
・特定のお店が多くないか。
（懇意な店からの白紙領収書等の偽りの領収書の可能性がある）

納税者としては，交際費等と認めてもらうためのエビデンスの作成と保存を行う必要があるが，上記のような当局の着眼点からして指摘されそうなケースで金額も高額な場合には，特に念入りにエビデンスを準備しておきたい。その際，たとえば領収書のみを保存しておくことだけは，参加者・人数・相手先との関係・目的が不明であるため，不十分である。議事録・稟議書（交際費支出伺書）・イベント実施案内と実施報告書・経費精算書（交際費支出報告書）・帳簿書類への記載等でこれらを立証できるようにしておきたい。また，交際費に関する社内規程がある場合には，それに従った処理を行うことも求められる。

＜事前処理の例＞

・交際費管理規程（社内規程）の作成
・稟議書（交際費支出伺書）事前申請と承認

＜事後処理の例＞

・経費精算書の作成
・交際費支出報告書（実施報告と経費精算が一体となったもの）の作成
・交際費支払依頼書の作成
・領収書の保存

なお，民法上支払いをする者は受領者に対して領収書の発行を請求できると規定されている（民法486条）。

役員交際費規程　サンプル

役員交際費規程

（目的）

第１条　本規程は，当社における役員交際費の取扱いについて定めるものである。

（適用範囲）

第２条　本規程は，当社における役員（常勤・非常勤の別は問わない）が支出する交際費について適用する。

（定義）

第３条　本規程における交際費とは，取引先，団体，官公庁，金融機関等の役員ないし従業員・職員に対して，飲食などの供応をするに際して生ずる費用をいう。

（交際費の範囲）

第４条　本規程において，前条にいう交際費として認めるものは，次のものとする。

①　飲食店での飲食代

②　ゴルフ等のスポーツの招待に要する費用

③　スポーツ観戦の招待に要する費用

④　観劇等の招待に要する費用

⑤　レクリエーションへの招待に要する費用

⑥　①ないし⑤に要する交通費

（支出の原則）

第５条　交際費は，金額のいかんにかかわらず有効かつ適切に支出しなければならない。

（支出の方法）

第6条　交際費の支出は，当該役員の判断によって行う。ただし，1件あたりに要する費用が○万円以上になる場合には，あらかじめ相手方，日時・場所，供応の内容，予算，会社出席者について説明し，代表取締役の決済を得なければならない。

（領収書の受領）

第7条　交際費を支出したときには，領収書を受領しなければならない。

（支出の手続）

第8条　交際費を支出する場合には，当社に対して請求書を提出するものとする。

附則

（実施期日）

第1条　本規程は，令和○年○月○日から施行する。

（規程の改廃）

第2条　本規程の改廃は，取締役会決議によって決定する。

経費精算書　サンプル

経費精算書

作成日　令和○年○月○日

支払日　令和○年○月○日

科目名・補助科目	支払方法	
交際費	○	振込
		現金
		その他（　）

経理部	担当部

金額	本体価格	①	○○○，○○○円
	消費税等	②	○○，○○○円
	支払金額（①＋②）	③	○○○，○○○円
	消費税等の区分（該当するものに○をつける）	○	課税仕入・課税売上対応
			課税仕入・共通売上対応
			課税仕入・非課税売上対応
			非課税又は課税対象外
内容	○○株式会社○○社長就任祝いの生花代		
支払先	○○		
備考	（事由）⇦ 経緯を説明する。 ○○株式会社は現在のところ当社と取引関係がないが，今般，社長に就任した○○氏は，当社○○社長の実兄であり，新規の取引開始に向け，鋭意働きかけているところである。 その一環として，○○社長就任祝いとして胡蝶蘭を送るものである。		

（２）接待飲食費

交際費等のうち飲食その他これに類する行為のために要する費用（社内飲食費を除く）で飲食費として帳簿処理されているものは，接待飲食費としてその額の 50 %に相当する金額は損金に算入できる。また，資本金１億円超である法人（あるいは資本金５億円以上の法人の 100 %子会社等）以外の法人であれば，他の交際費等（社内飲食費を含む）と合わせて 800 万円を限度に損金に算入することを選択することも認められている。

なお，一人あたり 5,000 円以下の飲食の額（税込経理方式を適用している会社では税込金額で判定する）で以下の事項を記載した書面を保存しているものは，「交際費等の額から控除される費用の額　6」（別表 15）として扱われ，全額損金に算入することができる。

①　飲食のあった年月日
②　飲食等に参加した得意先，仕入先その他の事業に関係のある者等の氏名又は名称及び関係
③　飲食等に参加した者の数
④　その費用の金額ならびにその飲食店，料理店の名称及びその所在地

①と④は領収書の保存，②と③は①～④の記載のある接待飲食費の一覧表（様式は各社適宜のものでよい）を作成するか，あるいは領収書（調査官の確認の手間を考えればその表面）に②と③を記載することで対応することになる。②の記載にあたっては，原則全員の氏名等の記載が求められるが，氏名につき一部不明の場合，参加者多数の場合には「○○会社・□□部，△△◇◇（氏名）部長他 10 名，卸売先」といった表示でもよいとされている（平成 18 年５月国税庁「交際費等（飲食費）に関する Q&A」Q14）。相手方を偽った記載や人数の水増し記載は事実の隠ぺい又は仮装の認定に直結してしまうことから（上記 Q14 なお書き），意図的に行うことは問題外として，疑念を抱かれることがないように記載等のうっかりミスや間違いが生じないよ

うにしたい。

接待飲食費使用伺書　サンプル

接待飲食費使用伺書

作成日　令和○年○月○日
承認日　令和○年○月○日

部長	担当

申請者		
実施予定日	令和○年○月○日	
相手方		
内容		
人数	（相手先）　　　人	（当社）　　　人
実施場所		
予定金額		
実施目的		
備考		

飲食費精算書　サンプル

飲食費精算書

作成日　令和○年○月○日
支払日　令和○年○月○日

科目名・補助科目	支払方法	
		現金
		クレジットカード
		その他（　）

経理部	担当部

実施概要	飲食等をした日		令和○年○月○日	
	飲食店等の名称			
	飲食店等の所在地		⇐ 法定記載事項	
	利用区分（該当するものに○をつける）			接待
				社内懇親
				会議時の飲食
金額	本体価格	①	○○○，○○○円	
	消費税等	②	○○，○○○円	
	支払金額（①＋②）	③	○○○，○○○円	
	消費税等の区分（該当するものに○をつける）			課税仕入・課税売上対応
				課税仕入・共通売上対応
				課税仕入・非課税売上対応
	接待の相手方等によって決まる。			非課税又は課税対象外

相手先	相手先名称 法定記載事項	○○株式会社○○部		
	当社との関係（○をつける） 法定記載事項。会社の業務上の費用であること（役員の私的費用でないこと）の確認。	得意先　仕入先　その他（　　　）		
人数	相手先の出席者 参加者の氏名：法定記載事項。氏名の全部又は一部不明の場合，相当の理由があれば記載の省略可。通常は名刺交換をするであろうから記載は可能。記載できない場合は備考欄に理由を記載する。参加者多数の場合は，「○○部長他○名」といった記載の仕方も認められる。	④	2人	○○○○，○○○○
	当社の出席者	⑤	2人	○○部長，○○課長
	合計人数（④＋⑤）	⑥	4人	
	1人当たりの飲食費（①／⑥） 税込経理の場合は③／⑥		○○，○○○円	
その他	備考			

（領収書貼付欄）

領収書　サンプル

【表】

必ず記載してもらう。

領収書

〇〇株式会社　様

令和〇年〇月〇日

金額　〇〇〇，〇〇〇　円

［内訳］　税抜金額　〇〇〇，〇〇〇円

消費税等　〇〇，〇〇〇円

但し，〇名様　ご飲食代として

上記正に領収しました。

このように記載してもらうと証拠力が上がる。

店名・名称

住所・所在地

TEL

【表の余白あるいは裏】不足している法定記載事項を記入する。

＜接待の相手方・人数＞　〇〇会社・□□部，△△◇◇（氏名）部長

複数の場合：△△◇◇（氏名）部長他〇名でもよい。証拠力をあげるためにあえて全員を記載することもある。

＜当社との関係＞　得意先・卸売先・仕入先など接待であることがわかればよい。

＜当社の出席者・人数＞　氏名を全員記載すると証拠力が上がる。

＜合計人数＞　一人当たりの金額が5,000円以下かを判断する上で便宜な記載となる。

（3）会議費

会議に関連して，茶菓，弁当その他これらに類する飲食物を供与するために通常要する費用であれば，会議費として全額損金算入できる。会議に関連した飲食でなければならず，あくまで会議がメインでなければならない。そのためには，飲食場所が会議を行うにふさわしい場所であることが必須で，たとえば居酒屋ではこれに適さない。供与される飲食物も通用要する費用にとどまっている必要があり，金額や内容が常識的な範囲のものでなければならない。会議であるから社内の従業員等の参加だけでも構わない。

これらの要件を充たしていることをエビデンスによって示すことになるが，実際に会議が行われていることを示すためにも会議録の作成，会議実施報告書の作成と飲食費精算書への添付あるいは飲食費精算書の備考欄に会議の概要を記載する，といった対応を行っておきたい。

会議実施報告書　サンプル

会議記録

作成日　令和○年○月○日

<table>
<tr><td colspan="2">経理部</td><td colspan="2">実施部</td></tr>
<tr><td></td><td></td><td></td><td></td></tr>
</table>

<table>
<tr><td>実施日</td><td>令和○年○月○日
午前・午後　○時○分～○時○分</td></tr>
<tr><td>実施場所</td><td></td></tr>
<tr><td rowspan="2">出席者</td><td>（社内）</td></tr>
<tr><td>（社外）</td></tr>
<tr><td>会議・打ち合わせのテーマ</td><td></td></tr>
</table>

会議・打ち合わせの概要	
本報告書の作成者氏名	○○部　○○○○

（4）福利厚生費

新年会・忘年会等の社内行事に際して，従業員におおむね一律に提供する飲食費は福利厚生費として全額損金算入できる。社内行事に際して支出するものゆえ，社外の者の参加していない行事である必要がある。また，従業員等におおむね一律に提供するものでなければならないため，たとえば，ゴルフをする人が少ない会社でゴルフコンペをした場合の飲食費など実際の参加者が少ない場合には問題となる。

> 参考　租税特別措置法関係通達
>
> （福利厚生費と交際費等との区分）
>
> 61の4（1）-10　社内の行事に際して支出される金額等で次のようなものは交際費等に含まれないものとする。
>
> （1）　創立記念日，国民祝日，新社屋落成式等に際し従業員等におおむね一律に社内において供与される通常の飲食に要する費用
>
> （2）　従業員等（従業員等であった者を含む。）又はその親族等の慶弔，禍福に際し一定の基準に従って支給される金品に要する費用

福利厚生費に該当することを示すエビデンスとしては，たとえば実施前の稟議書や実施後の厚生行事実施報告書・経費精算書が考えられる。毎年慣例的に実施する場合や，社内規程に基づいて実施する場合には稟議書は作成しないこともある。稟議書では従業員等の全員を対象とした行事であること，実施後に作成するエビデンスでは，実際の参加人数を記載しておきたい。

稟議書　サンプル

稟議書	
件名	創立〇〇周年記念パーティ開催の件
1　申請事項	

創立○○周年記念パーティを以下のとおり実施いたしたい。

① 日時　令和○年○月○日　○時～○時

② 場所　○○ホテル○○の間

③ 参加者　従業員・役員全員（外部の参加はなし）

④ 費用　○○○，○○○円

※ 内訳は別紙のとおりである。

⑤ 記念品　記念品としてボールペン（標準小売価格 3,000 円）を全員に贈呈する。

＜参考＞

> 所得税基本通達
>
> （課税しない経済的利益……創業記念品等）
>
> 36−22　使用者が役員又は使用人に対し創業記念，増資記念，工事完成記念又は合併記念等に際し，その記念として支給する記念品（現物に代えて支給する金銭は含まない。）で，次に掲げる要件のいずれにも該当するものについては，課税しなくて差し支えない。ただし，建築業者，造船業者等が請負工事又は造船の完成等に際し支給するものについては，この限りでない。
>
> (1)　その支給する記念品が社会通念上記念品としてふさわしいものであり，かつ，そのものの価額（処分見込価額により評価した価額）が１万円以下のものであること。
>
> (2)　創業記念のように一定期間ごとに到来する記念に際し支給する記念品については，創業後相当な期間（おおむね５年以上の期間）ごとに支給するものであること。

⑥ 科目　福利厚生費

２　実施目的

当社創立○○周年を記念して従業員全員が参加する記念パーティを開催するものである。なお，前回は平成○○年○月に創立 20 周年記念パーティを同様の形式で行っている。

福利厚生事業実施報告書　サンプル

たとえば経理精算書に添付，あるいは同様の内容を経理精算書の備考欄等に記載する。

福利厚生事業実施報告書

令和○年○月○日

経理部		担当部	

以下のとおり福利厚生事業を実施しましたので報告します。

実施内容	忘年会
実施日	令和○年○月○日　午後○時～○時
実施場所	
対象者	従業員全員　合計○○名
参加者	合計○○名
費用	合計○○○，○○○円（明細は別紙のとおり）

（５）情報提供料

たとえば，不動産の案件紹介料や顧客の紹介料など，情報提供料名目で金銭を支払った場合，相手方が情報の提供を行うことを業としていない者（法人・個人）であるときは，支払手数料ではなく交際費等と扱われてしまうことがある。

> 租税特別措置法関係通達
> （情報提供料等と交際費等との区分）
> 61の4(1)-8　法人が取引に関する情報の提供又は取引の媒介，代理，あっせん等の役務の提供（以下61の4(1)-8において「情報提供等」という。）を行うことを業としていない者（当該取引に係る相手方の従業員等を除く。）に対して情報提供等の対価として金品を交付した場合であっても，その金品の交付につき例えば次の要件の全てを満たしている等その金品の交付が正当な対価の支払であると認められるときは，その交付に要した費用は交際費等に該当しない。
> (1)　その金品の交付があらかじめ締結された契約に基づくものであること。
> (2)　提供を受ける役務の内容が当該契約において具体的に明らかにされており，かつ，これに基づいて実際に役務の提供を受けていること。
> (3)　その交付した金品の価額がその提供を受けた役務の内容に照らし相当と認められること。
> （注）　略

上記租税特別措置法関係通達では，交際費等に該当しないための具体的な要件が例示されていることから，(1)から(3)の要件をすべてみたすことをエビデンスをもって示せるようにしておく必要がある。

(1)については，契約書は「あらかじめ締結された」とあることから締結日にも注意したい。また，金銭の授受も当該契約書に基づくことを示せるよう，支払明細書，経費精算書等の備考欄には，支払の根拠となる契約書と情報提供を受けた事実を記載するといった工夫が求められる。

(2) については，契約書では役務内容を具体的に明記しておくことが求められていることに留意したい。また，実際に役務の提供を受けていること，すなわち情報提供が実際に行われていることまで示す必要があることから，口頭での伝達ではなく，たとえばこれを依頼し，相手方がこれを受け取ったことを示すメールや書面等を保存しておきたい。

情報提供に関する契約書　サンプル

覚　書

○○○○（以下「甲」という）と○○株式会社（以下「乙」という）とは下記のとおり合意したので，覚書を取り交わす。

第１条　甲は乙に対し，乙の顧客を紹介する。
第２条　乙は，前条の紹介を受け，成約した場合には，次の成功報酬を甲に支払う。
新規成約による乙の売上収入（消費税抜）の５％相当額（消費税別途）
第３条　乙は前条の報酬を，成約の翌月末日までに甲に支払明細を交付するとともに，甲の指定する銀行口座に振り込む方法により支払うものとする。振込手数料は乙の負担とする。

本覚書締結の証として本書２通を作成し，甲乙記名捺印の上，各１通を保管する。

令和○年○月○日

甲　住所
氏名
乙　所在地
○○株式会社
代表取締役社長　○○○○

支払通知書　サンプル

令和○年○月○日

○○○○殿

○○株式会社

代表取締役社長　○○○○

支払明細書

拝啓　時下ますますご清栄のこととお慶び申し上げます。

さて，貴殿との令和○年○月○日付覚書に基づき，下記のとおり令和○年○月分の報酬をお支払い致しますので，ご通知申し上げます。

敬具

記

（単位：円）

区分	先の売上収入①	報酬（①×５％）②	消費税等③	支払額②＋③
令和○年○月成約分	○○，○○○	○○，○○○	○，○○○	○○，○○○

（支払予定日）令和○年○月○日

以上

経費精算書　サンプル

支払依頼書

作成日　令和○年○月○日
支払日　令和○年○月○日

科目名・補助科目	支払方法	
支払手数料	○	振込
		現金
		その他（　）

経理部	担当部

金額	本体価格	①	○○○，○○○円	
	消費税等	②	○○，○○○円	
	支払金額（①＋②）	③	○○○，○○○円	
	消費税等の区分 （該当するものに○をつける）		○	課税仕入・課税売上対応
				課税仕入・共通売上対応
				課税仕入・非課税売上対応
				非課税又は課税対象外
内容	顧客紹介料の支払い			
支払先	○○株式会社			
備考	（事由） 令和○年○月○日付覚書に基づき，○○株式会社の紹介を受け，令和○年○月○日に成約したことから，同覚書に基づく情報提供料の支払いを行うものである。 （添付） 令和○年○月○日付○○○○氏宛支払明細書			

(6) 従業員等のリベートの受領

従業員等が仕入先などから金員を受領していた場合，会社の所得として認定されることがある。当該従業員等がこれを私的に費消していれば当該従業員等の所得になると考えるのは早計で，法人税法上はその収益の実質的な享受者は誰かによって判断されるため，たとえば当該従業員等に仕入先の選定権限を与え，仕入先から見返りにこの種の金員を従業員等が受領していることを知りつつ放置していると，会社はこれを黙認していると評価され，会社の所得されることはありうることである。その場合，当該従業員等の私的な費消は会社からの給与（この場合，会社は源泉徴収漏れとなり，不納付加算税と延滞税の負担が発生する），あるいは会社の収益の勝手な持ち出しで横領であると評価されることとなる。

この種の金銭は会社からすれば認知しにくく，積み重なると多額となりやすいことに加え，隠ぺい等があったとして青色申告承認の取消を受け，さらに基礎となる税額に35％を上乗せする重加算税まで課せられることもありうるため，最悪の場合，納税のために資金がショートする可能性があり，企業経営において致命的な問題に発展しかねない。実質所得者が誰かについては，さまざまな間接事実を積み上げて最終的には裁判所が判定することになるが，まずは税務調査段階でそのような疑いをもたれないことが重要である。会社の従業員等が会社の地位を利用して取引先から収受する金銭について課税庁より会社の収益だと不意に言われてしまわないようにするためにも，これらの収受を禁止する就業規則等を定めておき，これらが従業員等に周知されていることを示せるエビデンスを作成・保存しておきたい。リベート受領を禁止する就業規則を設け，従業員にその旨周知されていたことが重視された裁判例として仙台判平成24年2月29日・裁判所HPがある。

11　価格決定プロセス（寄附金）

当事者の設定した価格が時価（独立当事者間価格）と乖離が生じた場合，時価との差額分につき「寄附金」としての処理が要求されることがある。「寄附金」と認定されないためには，結果としての対価額が独立当事者間価格と乖離していないことがまずもって重要であるが，他に類似の取引を見つけることが困難で独立当事者間価格が不鮮明な取引などにおいては，価格決定プロセスも合理的なものとしておく必要がある。エビデンスとしては，たとえば，当事者間の契約書において，計算式そのものを具体的に記載することが考えられる。なお，民法上は，契約の成立要件として，代金額は必ずしも契約当時において確定していることを要せず「一定しうべきをもって」足りる（大判大10年3月11日・民録27–514）と解されており，税務上も記載された計算式で期末までに金額が計算できるのであれば，契約締結時に代金額が確定している必要まではない。

もっとも，実際の対価決定方法がこれと全く異なるものであると契約書の内容とは異なる合意が当事者間ではなされていたと当局ないし裁判所等で認定されることもありうる。そこで，明確な対価決定方法の記載された契約書に加えて，実際にも契約書記載どおりの価格決定が行われていたことを示す間接的な証拠を多数書面で残すことがリスク管理の意味では重要となる。たとえば価格形成過程で当事者間において交わされた文書や，会議の議事録等を保存しておくとよい。この種のエビデンスが実際の裁判でも重要な証拠となり「寄附金」に当たらないとされた事例として東京地判平成26年1月24日・判時2247号7頁がある。

12　固定資産除却損

固定資産（減価償却資産）除却損は，キャッシュアウト不要で損金算入ができるため，節税策の一つとして活用されることが多い。そのため，当局としても，要件をきちんとみたしているか入念に確認してくることが予想される。

（1）建物・構築物等の取り壊し

建物・構築物等を取り壊し新たにこれに代わるものを取得した場合には，建物を土地と同時取得し当初からその建物を取壊して利用する目的であることが明らかであると認められる場合を除いて（法人税基本通達7-3-6），取壊し直前の帳簿価額は，取壊し事業年度の損金に算入できる。

参考　法人税基本通達

（取り壊した建物等の帳簿価額の損金算入）

7-7-1　法人がその有する建物，構築物等でまだ使用に耐え得るものを取り壊し新たにこれに代わる建物，構築物等を取得した場合（7-3-6《土地とともに取得した建物等の取壊し費等》に該当する場合を除く。）には，その取り壊した資産の取壊し直前の帳簿価額（取り壊した時における廃材等の見積額を除く。）は，その取り壊した日の属する事業年度の損金の額に算入する。

「取り壊した」というためには廃棄処分まで必要で，会計上固定資産除却損を計上しただけではこのような処理は認められない。廃棄処分とは，解体して撤去する，こなごなにする（破砕），捨てること（廃棄）などをいう。廃棄の手続きがあらかじめ固定資産管理規程などの社内規程に定められている場合には，これに従うことが必要である。エビデンスとしては，取締役会議事録，稟議書，除却を実施した部門から経理部門への報告書といったものが考えられるが，それらには除却の決定にいたった理由も記載しておきたい。

理由としては，たとえば次のようなものが考えられる。

- 使用しなくなって一定期間経過している。
- その固定資産で製造する製品を取り扱わなくなった。
  （この場合，売上や顧客の事情等を具体的に記載するとよい）
- 他の製品に転用できない。
  （このことを示す技術者の報告書などを添付するとよい）

また廃棄の事実を証明できるように，外部事業者の発行する廃棄証明書も保存しておきたい。自ら廃棄した場合には議事録や報告書等に処分前後の写真や動画，破砕作業の写真・動画を添付する，あるいは保存場所を明記しておくことが考えられる。

稟議書（実際に廃棄する場合）サンプル

件名	ノート型パソコン10台の廃棄について

1　申請事項

標記について以下のとおり廃棄を実施いたしたい。

①　廃棄する固定資産

ノート型パソコン10台（物件番号は別紙のとおり）

> 廃棄する固定資産の特定が必要となる。すべての固定資産に物品番号票を貼付し管理しておくことが望ましい。廃棄する固定資産を写真に撮り稟議書に添付して特定する方法もありうる。

②　実施時期　令和○年○月下旬

③　廃棄方法

○○株式会社にて引き取り，データ消去のうえハードディスクドライブの破壊処理を実施。廃棄後，写真付き廃棄証明書を取得の予定。

④　費用等

・廃棄処分費用　○○，○○○円（消費税別）

・譲渡対価　なし

⑤　勘定科目　雑損失（除却損・廃棄処分費用）

原則的には「固定資産除却損」（特別損失）だが，金額が少額の場合には「雑損失」（営業外費用）でもよい。

2　事由

○○部，○○部及び○○部にて使用していたノート型パソコンは老朽化のため令和○年○月○日に新しいノート型パソコンを購入し，配置済みである（稟議番号 A-○○○○○号にて令和○年○月○日承認済み）。

廃棄理由を記載する。

本件は，これまで使用していたノート型パソコンを廃棄事業者に引き取らせ，処分するものである。

なお，データについては安全に消去し，ハードディスクドライブは破壊の上，写真付きの廃棄証明書を取得の予定である。

取得後は稟議書に添付して保管する。

以上

（2）有姿除却

固定資産につき，廃棄等のコストを勘案して廃棄処分まではせずに現状のまま放置するが二度と使用しない状況においた場合であっても，当該資産の帳簿価額からその処分見込価額を控除した金額につき除去損として計上できることがある。これを有姿除却という。

法人税基本通達
（有姿除却）
7-7-2　次に掲げるような固定資産については，たとえ当該資産につき解撤，破砕，廃棄等をしていない場合であっても，当該資産の帳簿価額からその処分見込価額を控除した金額を除却損として損金の額に算入することができるものとする。

(1)　その使用を廃止し，今後通常の方法により事業の用に供する可能性がないと認められる固定資産

(2)　特定の製品の生産のために専用されていた金型等で，当該製品の生産を中止したことにより将来使用される可能性のほとんどないことがその後の状況等からみて明らかなもの

生産中止後の状況も当局にチェックされる。

上記通達の要件を充たしていることが必要となるが，「可能性」が問題とされるなど曖昧な要件となっていることから税務調査ではトラブルになりやすい処理である。

エビデンスにおいては，除却にいたった理由や，廃棄に多額のコストがかかる（具体的な金額も記載したい）ことなど廃棄せずに有姿除却とする理由を記載したい。

税務調査でのトラブルを避けるため，重要な一部の部品については有姿除却ではなく物理的に使用不可能な状態におき廃棄する方法も考えられる。この方法によれば，廃棄のコストを節約でき，有姿除却した残りの部品についても今後通常の方法により事業の用する可能性がないことの立証を容易にすることができる。

稟議書（有姿除却）サンプル

件　名	金型の有姿除却について

1　申請事項

標記について以下のとおり廃棄を実施いたしたい。

①　除却する金型

A製品の専用金型（物件番号○○）

②　実施時期　本件決裁後直ちに除却する。

③　処分見込金額　○○○円（別紙見積書）　スクラップ価額

帳簿価額－処分見込額（スクラップ価額）＝除却損計上額

④　勘定科目　雑損失（固定資産除却損）

原則的には「固定資産除却損」（特別損失）だが，金額が少額の場合には「雑損失」（営業外費用）でもよい。

2　事由

A製品は，前期末（令和○年○月末日）をもって生産をとりやめ，今般，最新の商品カタログからも除かれた。

本件金型はA製品の専用金型であり，前期末にA製品の生産が停止されて以来使用されておらず，将来再使用の可能性はない。

将来使用される可能性がほとんどないことが明らかであることをその後の状況等から示す。

よって当期末をもって有姿除却することとし，固定資産除却損を計上することとしたい。

（添付）令和○年○月○日現在商品カタログ

以上

（3）ソフトウエアの除却

ソフトウエアの除却については，物理的な除却等がなくとも，今後事業の用に供しないことが明らかな事実を疎明できれば，帳簿価額を損金に算入できることができるとされており，通達では，そのような事実が二つ例示されている。

法人税基本通達
(ソフトウエアの除却)
7-7-2の2　ソフトウエアにつき物理的な除却，廃棄，消滅等がない場合であっても，次に掲げるように当該ソフトウエアを今後事業の用に供しないことが明らかな事実があるときは，当該ソフトウエアの帳簿価額（処分見込価額がある場合には，これを控除した残額）を当該事実が生じた日の属する事業年度の損金の額に算入することができる。
(1)　自社利用のソフトウエアについて，そのソフトウエアによるデータ処理の対象となる業務が廃止され，当該ソフトウエアを利用しなくなったことが明らかな場合，又はハードウエアやオペレーティングシステムの変更等によって他のソフトウエアを利用することになり，従来のソフトウエアを利用しなくなったことが明らかな場合

(2)　複写して販売するための原本となるソフトウエアについて，新製品の出現，バージョンアップ等により，今後，販売を行わないことが社内りん議書，販売流通業者への通知文書等で明らかな場合

ソフトウエアにつき，あらかじめ廃棄の手続きを固定資産管理規程といった自社の規程において定めていた場合にはそれに従う必要がある。たとえば，取締役会議事録，稟議書，除却を実施した部門から経理部門への報告書，販売流通業者への通知文書といったエビデンスの中でこのことを明記したい。その際，除却の決定にいたった理由も記載しておきたい。理由としてはたとえば次のようなものが考えられる。

- そのソフトウエアによるデータ処理の対象となる業務が廃止された。
- 他のソフトウエアを利用することになった。
- 新製品の出現やバージョンアップで原本となるソフトウエアの生産販売が中止された。

理由を記載した書面には，参考書類としてその記載事項を証明できる書類

を添付するとよい。

稟議書（ソフトウエアの除却）サンプル

件名	財務会計ソフト（○○○○）の導入に伴う旧財務会計ソフト（○○○○）の除却について

1　申請事項

標記について以下のとおり廃棄を実施いたしたい。

①　除却するソフトウエア　○○社製財務会計ソフト（○○○）

②　実施時期　本件決裁後ただちに実施

③　費用　なし

④　勘定科目　雑損失○○，○○○千円（除却損，全額損金算入）

2　事由

令和○年○月○日をもって，○○社製財務会計ソフト（○○○）の導入が完了し，○月○日にシステム会社の導入研修を受け，○月○日より運用を開始した。

よって，旧財務会計ソフトを除却することとし，帳簿価額相当額○○，○○○千円の除却損を計上するものである。

以上

13　修繕費と資本的支出

固定資産を取得後，補修，維持又は改良等のために追加的に支出する費用については税務上，修繕費と資本的支出のいずれに該当するかによってその取扱いが大きくことなってくるため，税務調査でも問題となりやすい。

（1）（税務上の）修繕費

税務上の修繕費は，固定資産の通常の**維持管理**，**原状回復**等のための支出をいい，支出事業年度に一時に損金算入することができる。

たとえば建物についていえば，壁の塗装，床の毀損部分の取り替え，畳の表替え，毀損した瓦やガラスの取り替え，障子や襖の張り替えなどがこれにあたる（旧通達235。なお，同通達は法令に規定されているか，法令の解釈上疑義がなく，もしくは条理上明らかなため通達に定める必要がないとして廃止されている）。

土地についていえば，地盤沈下した土地を沈下前の状態に回復するための地盛り費が，自動車についていえば，タイヤの取り替えが，機械装置についていえば，移設費や解体費（集中生産を行うための移設は除く）が，ソフトウエアについていえば，機能上の障害を除去する，現状の機能を維持するためのプログラム修正費（たとえば消費税率アップに対応するための会計ソフトのバージョンアップ費用など）がこれにあたる。

（2）資本的支出

資本的支出とは，固定資産の**使用可能期間（耐用年数）の延長**又は**価値の増加**をもたらす支出をいい，支出事業年度に資産計上し，減価償却により損金に算入することができる。たとえば，建物についていえば，物理的に付加した部分（避難階段など）の費用，用途変更のための模様替えなどの改造・改装費が，機械部品についてはいえば，品質や性能の高いものに取り替えた場合の通常の取り替えに要する費用を超える部分が，ソフトウエアについていえば，新たな機能を追加する，あるいは機能向上のためのバージョンアップ費用がこれにあたる。

（3）判断基準

税務上の修繕費と資本的支出のどちらにあたるかについては，判断が困難な場合が少なくないため，通達で救済的な形式基準が設けられており，20万円未満の支出や，3年以内の周期での定期的費用については修繕費としてこれを扱うことが認められている（法人税基本通達7–8–3）。

また，実質的な基準で考えてもどちらか不明なときに，60万円未満の支出や，前期末取得価額（原始取得価額＋前期末までの資本的支出額）の10％までの金額，継続して支出額の30％の金額あるいは前期末取得価額の10％の金額のいずれか少ない金額を修繕費として取り扱っている場合にはその金額を修繕費として取り扱うことが認められている（同通達7–8–4，7–8–5）。

実質判断を行う際のエビデンスとしては，資本的支出部分が含まれている場合には，修繕費とは見積書の明細で区分することが重要となる。場合によってはそれぞれ別個の契約を用意して支出の根拠となる契約書を2本締結するとよい。

また，支出の際の稟議書や取締役会議事録では，判断の根拠（たとえば新たな機能の追加がない，性能の向上がないといった評価を根拠づける事実）を記載し，判断の根拠となる見積書等の証ひょう書類を添付するとよい。

稟議書（消費税率変更に伴うバージョンアップ　修繕費）サンプル

件名	消費税率変更に伴う会計システムのバージョンアップの実施について

1　申請事項

(1) 消費税率変更に伴い，当社の会計システムをバージョンアップすること

① 実施時期　令和○年○月○日

② 請負先　○○システム株式会社（ソフトウェア開発元）

③ 請負金額　○○，○○○，○○○円（消費税別）

④ 内容　消費税率変更に伴う入出力様式の改定。
本件バージョンアップによる機能の向上はない。

⑤ 勘定科目　修繕費

(2) 上記（1）のバージョンアップに係る添付別紙の請負契約を○○システム株式会社と締結すること。

2　事由

令和○年○月○日に消費税率が変更される予定である。この税率変更に伴い，当社の会計システムの入力フォーム及び出力帳票を修正する必要がある。

修繕を行う理由を記載　通常の維持管理かどうかの判断根拠

本件バージョンアップは，消費税率変更後も会計システムを従前と同様に使用するために行うものである。これによって新しく追加される機能はない。

(添付資料) 請負契約書案，見積書，発注書・作業指図書

機能の追加／性能向上に係るバージョンアップが含まれていないことを示すための証ひょうの一つとなる。

稟議書（補修工事　修繕費）サンプル

件名	当社○○ビルの補修工事実施に関する件

1　申請事項

標記につき下記のとおり実施することといたしたい。

記

(1) 当社所有の○○ビルについて以下のとおり補修工事を実施すること。

① 工事期間　令和○年○月○日～令和○年○月○日

② 請負先　○○建設株式会社

③ 請負金額　○○，○○○，○○○円（消費税別）

④ 内容

・外壁補修工事

・屋上防水塗装工事

全面的に塗装する場合には資本的支出となる可能性がある。

⑤ 勘定科目　修繕費

(2) 上記（1）の請負工事契約を添付別紙の文案にて○○建設株式会社と締結すること

2　事由

当社所有の賃貸ビルである○○ビルについては，竣工後30年を経過している。○○建設株式会社に依頼し，補修の必要な箇所を点検したところ，添付の現況写真のとおり，外壁の毀損及び屋上の漏水があり，これらの補修が必要であることが判明した。

本件補修工事は，使用材料や施工工法等において従前と同レベルの工事であり，価値の増加や耐用年数の延長をもたらすものではない。

このような場合の現況写真は説得力のあるエビデンスとなる。
元の状態に戻すための工事であることを協調する。

（添付資料）請負契約書（案），見積書，工事箇所の現況写真

14　上場有価証券評価損

帳簿上，資産の評価換えをしたとしても，損金に算入できないのが原則である（法人税法33条1項）。しかし，災害による著しい損傷により資産の価額（時価）が帳簿価額を下回った場合その他政令で定める事実が生じた場合において，損金経理をしたときは，例外的に損金算入が認められている（同法同条2項，同法施行令68条）。

政令で定める事実としては，資産別に具体的な事実が法令に記載されている。ここでは上場有価証券の評価損をとりあげる。これについては法令では有価証券の「価額が著しく低下したこと」（法人税法施行令69条1項2号イ）とのみ記載されている。当該事実の有無の判定については次のような通達があり，納税者の立証を助けている。

> 法人税基本通達
>
> （市場有価証券等の著しい価額の低下の判定）
>
> 9-1-7　令第68条第1項第2号イ《市場有価証券等の評価損の計上ができる事実》に規定する「有価証券の価額が著しく低下したこと」とは，当該有価証券の当該事業年度終了の時における価額がその時の帳簿価額のおおむね50％相当額を下回ることとなり，かつ，近い将来その価額の回復が見込まれないことをいうものとする。
>
> （注）
>
> 1　本文の50％相当額を下回るかどうかの判定に当たっては，当該有価証券（令第119条の2第2項《有価証券の一単位当たりの帳簿価額の算出の方法》に規定する「その他有価証券」に限る。）の当該事業年度終了の日以前1月間の市場価格の平均額によることも差し支えない。
>
> 2　本文の回復可能性の判断は，過去の市場価格の推移，発行法人の業況等も踏まえ，当該事業年度終了の時に行うのであるから留意する。

さらに上記通達にいう「近い将来その価額の回復が見込まれないこと」については，以下のQ&Aが参考になる。

【上場有価証券の評価損に関するQ&A】（平成21年4月 国税庁。下線部とアミ掛けのカッコは筆者）

Q1（2頁）

⑶　このように，評価損の損金算入が認められるためには，株価の回復可能性に関する検証を行う必要がありますが，どのような状況であれば，「近い将来回復が見込まれない」と言えるかが問題となります。株価の回復可能性の判断のための画一的な基準を設けることは　困難ですが，法人の側から，過去の市場価格の推移や市場環境の動向**（景気動向指数，為替など。決算日の株価が一時的なものか検討する）**，発行法人の業況等総合的に勘案した合理的な判断基準**（経理規程・稟議規程などで規定する。これに沿った稟議書の作成が必要となる）**が示される限りにおいては，税務上その基準は尊重されることとなります。有価証券の評価損の損金算入時期としては，これらの合理的な判断がなされる事業年度で損金算入が認められることとなりますので，必ずしも，株価が過去2年間にわたり帳簿　価額の50％程度以上下落した状況でなければ損金算入が認められない**（←従来の実務はこうであった）**ということではありません。

⑷　なお，法人が独自にこの株価の回復可能性に係る合理的な判断を行うことは困難な場合もあると考えられます。このため，発行法人に係る将来動向や株価の見通しについて，専門性を有する客観的な第三者の見解があれば，これを合理的な判断の根拠のひとつとすることも考えられます。具体的には，専門性を有する第三者である証券アナリストなどによる個別銘柄別・業種別分析や業界動向に係る見通し，株式発行法人に関する企業情報などを用いて，当該株価　が近い将来回復しないことについての根拠が提示されるのであれば，これらに基づく判断は合理的な判断であると認められるものと考えられます。

Q2（3頁〜）

⑴　Q1のとおり，所有する上場株式の事業年度末における株価が帳簿価額の50％相当額を下回る場合におけるその株式の評価損の損金算入に当たっては，株価の回復可能性についての検証を行う必要がありますが，お

尋ねは，監査法人によるチェックを受け，継続的に使用することを前提として，この株価の回復可能性の検証を，過去一定期間における株価動向に関する一定の形式基準（例：期末前6か月間の平均株価（週間税務通信3064号10頁（税務研究会）））に基づいて行うことができるかというご質問であると考えます。貴社の策定した株価動向に関する一定の形式基準に基づく判断は，それが，評価損の損金算入が与える繰延税金資産への影響といった税効果会計等の観点から，株主や債権者などの利害関係者の保護のために財務情報の信頼性を確保する責務を有する独立の監査法人のチェックを受けたものであれば，客観性が確保されていると考えられます。さらに，この基準が継続的に使用されるのであれば，そのような基準に基づく判断は恣意性が排除されていると考えられることから，税務上の損金算入の判断としても合理的なものと認められます。

（注）

1．法人が繰延税金資産を含む財務諸表の監査を受けている場合には，上場株式の評価損の損金算入の基準が繰延税金資産に対して影響を与えるものであることから，その監査の過程で，監査法人によりその合理性についての検討が行われているものと考えられます。このため，財務諸表の監査を経ているものであれば，この損金算入の基準に対するチェックを受けたものと同様に取り扱うことができます。

2．ただし，この基準が税務上の観点から明らかに不合理である場合，損金算入の基準として認められないことは言うまでもありません。

(2)　ところで，企業会計上は，「時価のある有価証券」については，時価が取得原価に比べて50％程度以上下落した場合には，合理的な反証がない限り，取得原価まで回復する見込みがあるとは認められないとして（会計上は回復見込みがあることの反証があれば減損処理しないで済む⇔税務上は回復見込みがないことの立証がなければ損金計上できない）評価損の計上（減損処理）を行わなければならないこととされています（参考：金融商品会計に関する実務指針91項）。この企業会計上の減損処理の基準と，監査法人のチェックを受けて継続的に使用される形式基準は，その内容を異にすることは想定されるところであり，ある事業年度において　企業会計上の減損処理を行った場合であっても，その評価損は損金算入の対象とはならないことがあります。このように，企業会計上の減損処理の基準と継続的に使用される形式基準の内容が異なることによって生ずる減損処理と評価損の損金算入の時期の差は，それぞれの基準を定めている目的そのものが異なることによるものであり，企業会計上の減損処理を行った事業年度において，その評価損の損金算入を行わなくてはならないということではありません。

(3)　なお，株価の回復可能性の判断をするための形式基準を新規に策定した場合，または，現在使用している形式基準を変更した場合，新たな形式基準に基づく判断はその基準を自社の監査を担当する監査法人によるチェックを受けながら継続的に使用することを前提とすれば，新規策定又は変更を行った最初の事業年度から合理的なものとして取り扱うことができます。ただし，自社の収益状況に合わせて，この基準の使用を取りやめたり，正当な理由なく変更したりするような場合は，合理的な判断と認められないことは言うまでもありません。

（参考）―「自社の監査を担当する監査法人によるチェック」について―

ここでいう「自社の監査を担当する監査法人によるチェック」は，税効果会計等の観点から，株主や債権者など利害関係を有する第三者の保護のために財務情報の信頼性を確保する責務を有する独立の監査法人や公認会計士が行うその責務に裏付けられた監査の一環として行われるものを指しています。このため，監査法人等による関与であっても，その関与が自社の経営についてのコンサルタント業務のみを行うものや，会計参与や税理士による関与のように，利害関係を有する第三者の保護のために行われる監査には当たらないものは，これに該当しません。

上記Q&Aからもわかるとおり，エビデンスとしては，**過去の市場価格の推移や市場環境の動向（景気動向指数，為替など。決算日の株価が一時的なものかを検討する。発行法人の業況等総合的に勘案した合理的な判断基準**を用意することが有効といえる。**用意した合理的な判断基準は経理規程・稟議規程などで規定しておき，これに沿った稟議書を作成するとよい。**

評価損の損金算入基準　サンプル

上場株式を減損処理した場合の評価損の損金算入基準

1　損金算入の要件

当社は，上場株式の銘柄（関係会社株主に該当するものを除く。以下同じ。）について減損処理をした場合において，次の（1）及び（2）の要件をいずれも満たすときは，その評価損をその満たすこととなった会計期間に係る法人税の所得金額の計算上，損金の額に算入する。

(1) 当該銘柄の決算日において時価が当該銘柄の税務上の帳簿価額（過年度において，当該銘柄につき，加算調整を行ったことがある場合には，帳簿価額に過年度における加算調整額を加算した金額とする）のおおむね50％相当額を下回ること。

(2) 近い将来その価額の回復が見込まれないと認められること。

2　価額の回復可能性の判断基準

過去の市場価格の推移，市場環境の動向及び発行法人の業況のすべてについて，それぞれ以下に掲げる要件を満たす場合には「近い将来その価額の回復が見込まれない」ものとする。

> できるだけ形式判断ができるようにしておくとよい。

(1) 過去の市場価格の推移

減損処理をした銘柄につき，決算日直前の2年間にわたって株価の終値が税務上の帳簿価額の50％相当額を上回ることが一度もないこと。なお，当社決算日後の当該銘柄の株価の動きはいっさい考慮しないものとする。

(2) 市場環境の動向

決算日における株式市場を取り巻く環境として，景気の基調動向が悪化していると予測できること。この判断は，決算日時点で利用可能な，景気動向指数（CI），シンクタンクの経済レポート等により総合的に判断するものとする。

(3) 発行会社の業況

発行会社の業況が次のいずれかに該当すること。

① 発行会社が，直近２期において営業損失，経常損失又は当期純損失を計上し，かつ，決算日における最新の日経会社情報（日本経済新聞社）及び会社四季報（東洋経済新報社）の両方において，翌期の業績予想が営業損失，経常損失又は当期純損失を計上する見込みである場合

② 債務超過の状態にあると認められる場合

③ アナリストレポートによって株価が近い将来回復しないことについての根拠を示されている場合

④ 法的整理又は私的整理を開始した場合又は開始する見込みである場合

⑤ 上場廃止要件に該当することとなった場合

3　書類の保管

本基準の適用にあたっては，その判断の過程を書面に記録し，保管しなければならないものとする。

上記判断基準を制定した際の稟議書や取締役会議事録には当該基準が合理的なものであると考える理由も記載しておきたい。

稟議書（損金算入基準の制定）　サンプル

件名	上場株式評価損の損金算入基準の制定について

1　申請事項

別紙の上場株式評価損の損金算入基準（以下「本件基準」）という。）を制定すること。

2　申請事由

本件は，合理的と考えられる上場株式評価損の損金算入の基準を制定するものである。本件基準は，法人税法基本通達 9–1–7 に基づき，①上場有価証券等の事業年度末の価額がその時の帳簿価額 50 ％相当額を下回ることになったこと，及び②近い将来，その価額の回復が見込まれないことの 2 要件を満たした場合に損金算入できるものとした。

このうち，②の判断については平成21年4月に国税庁から公表された「上場有価証券の評価損に関する Q&A」（以下「Q&A」という。）に示された考え方に基づき，以下の考え方によった。

(1) 3 つの視点からの総合的な検討

Q&A によれば，②の判断の際には，発行法人の過去の市場価格の推移，市場環境の動向，発行法人の業況の 3 つの視点から総合的に検討して判断すべきものとされている。よって，この 3 点のそれぞれにつき一定の基準を設けることとした。

(2) 発行法人の過去の市場価格の推移

発行法人の過去の市場価格の推移については，Q&A によれば，必ずしも株価が過去 2 年間にわたり帳簿価額の 50 ％程度以上下落した状態である必要はない旨が明らかにされている（Q&A 中の Q1）。

しかし，本件基準では，回復可能性の判断にあたっては発行会社の決算期が少なくとも 2 期にわたって 50 ％以上下落した状態が継続していることを要件とした。

(3) 市場環境の動向

株価は第一義的には各企業の収益性と成長性が重要な決定要因となるが，その大枠は経済全体の情勢及び当該産業の動向によって決定される。景気動向については，たとえば内閣府の分析もTOPIX（東証株価指数）と実質GDP成長率との相関関係を認め，株価が実質GDPに対して4～5四半期先行するとの報告があるなど，株価の動きを景気循環と関連付ける考え方は，一般的であると考えられることから②の要件の一つとした。

(4) 発行会社の業況

金融商品会計に関する実務指針（会計制度委員会報告第14号）91頁では，発行会社が2期連続で損失を計上しており，翌期もそのように見込まれる場合は減損処理を行わなければならないとされており，法人税基本通達逐条解説（税務研究会出版局）にも，特段の事情のない限り，このような回復見込みの判断は，税務上も同様である旨の記載がある。

また，たとえば法的整理や債務超過など発行会社の存続が危ぶまれるような事由が生じた場合等には，回復可能性がないものとすることとした。

第三者の証券アナリスト等による個別銘柄分析，業績別分析，業界動向に係る見通し等によって，当該銘柄の株価が近い将来回復しないことについての根拠を示すことができる場合も，第三者たる専門家の見解を尊重することとした。この判断基準は，Q&AのQ1において認められていることから，加えたものである。

実際に上記基準に従って評価損を損金算入するにおいては，これに係る稟議書を作成するとともに，関連する疎明資料を作成，添付することとなる。

稟議書（損金算入実施）サンプル

件名	当社が保有する上場株式の減損処理・損金算入実施の件

1　申請事項

当社の所有する上場株式につき，時価が著しく下落したたま，令和○年○月期決算において以下のとおり減損処理を実施したい。また本件により計上する投資有価証券評価額は，「上場株式を減損処理した場合の評価額の損金算入基準」（以下「当社基準」という）の損金算入基準に従って次項2で検討のとおり，下落率が50 %を超え，かつ株価が近い将来回復する見込みもないものと考えられるので，当社基準に従って損金算入することとする。

(1) 銘柄・株式数

○○株式会社（東証一部）○○○○株

(2) 1株当たりの時価及び帳簿価額（減損前簿価）

取得価額　○,○○○円／株

時価　○,○○○円／株（下落率60 %）

(3) 投資有価証券　評価損計上額（特別損失）

○,○○○,○○○円

(4) 減損後帳簿価額

○,○○○,○○○円

2　本件評価損の損金算入に関する検討について

(1) 本件上場株式の時価下落率は60 %であるので，①の要件を満たしている。

(2) 市場価格の推移

発行法人の決算日直前の2年間の株価終値は，別紙のとおりであり，税務上の帳簿価額の50 %相当額を上回ることはなかった。

(3) 市場環境の動向について

内閣府経済社会総合研究所の発表による令和○年○月分（速報）の景気動向指数によれば令和○年○月のCI先行指数は前月と比較して1.0ポイント下落し，かつ3か月移動平均は令和○年○月より連続して3か月下落している。CI一致指数による景気の基調判断は，「悪化」であった。

また，○○研究所による経済レポートによれば令和○年度の実質 GDP は▲○.○%となると予想されており，景気は悪化している。

以上のとおり，決算日における株式市場を取り巻く環境として，景気の基調は悪化していると考えられる。

(4) 発行会社の業況について

○○株式会社は直近２期において経常損失及び当期純損失を計上しており，また会社四季報（東洋経済新報社）及び日経会社情報（日本経済新聞社）の翌期の業績予想では，以下のとおり営業損失及び経常損失を計上する見込みであり，引き続き，株価が低迷することが予想される。

	経常損失	当期純損失
会社四季報	▲○○○百万円	▲○○○百万円
日経会社情報	▲○○○百万円	▲○○○百万円

また，○○証券アナリストによる発行会社のレポート（別紙添付）によれば，令和○年○月期は営業損失を計上する見込みであり，株価は低迷することが予想されている。

(5) ②回復可能性についての所見

○○株式会社の株価は景気が低迷し，株価の地《じ》合《あ》い（じあいがいいとは，取引が活発に行われて株価が上昇傾向にあることをいう）も悪い中で，発行会社の業績の悪化を受けて２年前から低迷していると考えられる。今後の業績予想は，来期において営業損失及び経常損失が見込まれるなど，株価は引き続き低迷することが予想され，近い将来において株価が回復することはものと判断する。

以上

Ⅲ　同族会社特有の問題

1　同族会社間取引

法人所得は，適正価格によって取引を行った者との法人税負担の公平を保つため，当事者が設定した取引価格にかかわらず，「譲渡をしたとき資産の引渡しの時における価額」(法人税法22条の2)，すなわち第三者間で取引されたとした場合に通常付される価額（いわゆる時価）によって計算されることとなる。特に同族会社間では，取引価格を自由に設定できることから，設定された金額が適正価格といえるのか，同族会社間で所得の付け替えが行われているのではないか，といった点が問題となりやすい。

そのため売買契約書や議事録等のエビデンスにおいては，金額の計算根拠や取引の合理性を説明できるようにしておきたい。

２　非上場株式の譲渡

（1）譲渡価格は適正か

同族会社がその事業を承継するにあたっては少数株主の整理や非上場株式の後継者への譲渡が欠かせないが，非上場株式を譲渡するにあたっては，無償であれ有償であれ，その税務上の株価が重要となる。税務上の株価については，税目に応じて，法人税法上の時価，所得税法上の時価，贈与・相続に関する財産評価額が問題となり，実務的には法人税法基本通達・所得税基本通達，財産評価基本通達に準拠して計算を行うことになる。エビデンスとして，これらに準拠した株価計算書は必ず用意しておきたい。

譲渡者が個人の場合，法人の場合と比べてある程度幅をもって譲渡価格を設定できるが，譲受人が法人のときは所得税法上の時価の２分の１未満で設定すると時価譲渡とみなされることに注意を要する（所得税法59条等）。また譲受人が個人であっても贈与に関する財産評価額を下回ると差額分につき贈与とみなされうることにも注意したい（相続税法９条）。

少数株主からの買取やM&Aによる売却など相手方が第三者である場合には，交渉を経て決定された買取価格については通達に準拠せずとも時価とみなされる可能性が高まるが，その場合には交渉過程のわかる書面や算定根拠の合理性を示す外部の鑑定評価書といったエビデンスを用意しておきたい。

また，非上場株式の譲渡制限のかかった譲渡においては取締役会等の承認が必要となること（会社法139条１項ほか）。取引や組織再編の内容に応じて会社法上求められている手続きをきちんと履践していることを示すため，これらの議事録もエビデンスとして作成・保存しておきたい。

（2）譲渡の時期

株式の譲渡では，売買金額が巨額になることが多く，所得金額に大きな影響を及ぼすことから，その売買損益をいつ認識するかも問題となる。また消費税においても，譲渡対価の５％を非課税売上高に算入する必要があり（消費税法 30 条 6 項，同法施行令 48 条），仕入税額控除額に影響を及ぼすため，その認識時期は重要である。

法人税の損益認識時期は，原則は契約成立日だが，経理処理と継続適用を条件に引渡日基準も使用することができる（法人税基本通達 2–1–22・23）。消費税では引渡日基準となっているが法人税において契約成立日基準を採用している場合にはそれに従うことも認められている（消費税法基本通達 9–1–17（注））。ただし非上場会社では株券不発行のことが多いことから，その場合は消費税では譲渡の意思表示日を基準とすることとなる（同法基本通達 9–1–17 の 2）。もっとも譲渡の意思表示日は契約成立日と通常一致することから，すべての税目において契約成立日（譲渡の意思表示日）を基準に考えるとわかりやすい。この場合，エビデンスとしての売買契約書では成立日を忘れずに明記したい。なお，会計上も有価証券の発生の認識は，約定日から受渡日までの期間が市場規則又は慣行に従った通常の期間である場合には，売買約定日にこれを行うこととされている（金融商品会計に関する実務指針（日本公認会計士協会）金融資産及び金融負債の発生の認識 22・23）。

（3）受取配当金の益金不算入割合

グループ法人間で配当によって資金を移動する際，益金不算入となるかならないかは大きな問題である。株式保有割合に応じて不算入割合は変わってくるが，その保有期間も考慮に入れなければならないため，組織再編直後に配当を実施する場合には注意を要する。たとえば相当負債利子を除いて全額が不算入となる関連法人株式等といえるためには，3 分の 1 超の株式を配当金の効力が生ずる日（基準日）以前で 6 か月以上引き続き有していなければならない。そのため，税務調査に向けてのエビデンスとしては，配当基準日が明らかな議事録，保有開始日がわかる組織再編関連の必要書類，株主名簿等を準備しておきたい。

3　無利息・低利貸付け

同族会社において問題となる取引の一つに会社との間の無利息あるいは低利の貸付け（金銭消費貸借契約）がある。会社が貸主となる場合，借主となる場合の双方で問題となる。

(1) 会社が貸主となる場合

無利息あるいは低利貸付けであることにつき，通常の経済取引として是認することができる合理的な理由（法人税法37条）がない限り，利息相当額（同額からの差額分）は，貸主側である会社では益金算入され（法人税法22条の2），借主が法人の場合には同額の寄附金となる（大阪高判昭和53年3月20日・判時925号51頁，清水惣事件）。税務処理としては，寄附金の損金算入限度額超過額を別表四加算する形で調整が行われることとなる。なお，完全子会社への貸付けの場合は，グループ法人税制の強制適用の結果，親子会社間で寄附金を認識しないため，この点が問題となることはない。借主が役員等の同族関係者の場合は，利息相当額（同額からの差額分）は，役員給与等として扱われ，事前届出等は考えられないことから損金不算入となり，借主側では賞与として所得税課税を受けることとなる。

そのため，無利息あるいは低利とする合理的な理由を説明できない限り，第三者取引と同様の合理的な範囲内での利息を受け取る必要がある。具体的には，原資が銀行からの融資でひも付きの貸付けであれば，当該融資の借入利率を基にした金利，そうでない場合には借入側の当該貸付けと同様の借入期間，時期における平均調達金利，借入側に借入実績がない場合には貸付側の平均調達金利を参考にした金利を設定すると説明がしやすくなる。

たとえば，ひも付きの貸付けで複数の銀行から融資を受けている場合には，①金利の低い借入金から貸付金を充当して加重計算する方法，②加重平均する方法，③最低金利を採用する方法などが考えられる。

例　貸付金が5,000万円で甲銀行から3,000万円を金利1%，乙銀行7,000万円を金利2%で借り入れている場合

①　金利の低い借入金から貸付金を充当して加重計算

$$1\% \times \frac{3{,}000\text{万円}}{5{,}000\text{万円}} + 2\% \times \frac{2{,}000\text{万円}}{5{,}000\text{万円}} = 1.4\%$$

②　加重平均

$$1\% \times \frac{3{,}000\text{万円}}{1\text{億円}} + 2\% \times \frac{7{,}000\text{万円}}{1\text{億円}} = 1.7\%$$

③　最低金利

1%

借主が役員や従業員である場合で，ひも付きでないケースについては国税庁HPのタックスアンサーで具体的な利率が挙げられているので，参考になる。

【国税庁HP　タックスアンサー】

No. 2606　金銭を貸し付けたとき［令和3年4月1日現在法令等］

1　役員又は使用人に貸し付けた金銭の利息について

役員又は使用人に金銭を貸し付けた場合，その利息相当額は，次に掲げる利率によります。

(1)　会社が他から借り入れて貸し付けた場合…………その借入金の利率

(2)　その他の場合……貸付けを行った日の属する年に応じた次に掲げる利率

・平成22年から25年中に貸付けを行ったもの……………4.3%
・平成26年中に貸付けを行ったもの…………………………1.9%
・平成27年から28年中に貸付けを行ったもの……………1.8%
・平成29年中に貸付けを行ったもの…………………………1.7%
・平成30年〜令和2年中に貸付けを行ったもの……………1.6%
・令和3年中に貸付けを行ったもの…………………………1.0%

役員又は使用人に無利息又は低い利息で金銭を貸し付けた場合には，次の

２の場合を除き，上記の利率により計算した利息の額と実際に支払う利息の額との差額が，給与として課税されることになります。なお，使用人に対する住宅資金の貸付けを平成22年12月31日までに行った場合には，年１％の利率を基準とする特例があります。

２　金銭を無利息又は低い利息で貸し付けたとき

役員又は使用人に無利息又は低い利息で金銭を貸し付けた場合に，次の（1）から（3）までのいずれかに該当する場合には，上記１にかかわらず，給与として課税しなくてもよいことになっています。

（1）　災害や病気などで臨時に多額の生活資金が必要となった役員又は使用人に，その資金に充てるため，合理的と認められる金額や返済期間で金銭を貸し付ける場合

（2）　会社における借入金の平均調達金利など合理的と認められる貸付利率を定め，この利率によって役員又は使用人に対して金銭を貸し付ける場合

（3）　（1）及び（2）以外の貸付金の場合で，上記１の利率により計算した利息の額と実際に支払う利息の額との差額が１年間で5,000円以下である場合

エビデンスとしては締結する金銭消費貸借契約に金利の計算方法を記載する，あるいは別途書類を準備して金利の計算方法を記載しておくと，税務調査時にスムーズに対応することが可能となる。

また，具体的な弁済計画等が検討されたことを伺わせる証拠が一切ない，利息の支払いがなされたことを示す証拠がない，となると，形式的に金銭消費貸借契約に基づく金銭の交付を行ったとしても実質は金銭を対価なく移転するものであったとして寄附金とされる危険が高いことから（東京地判平成21年７月29日・判時2055号47頁），利息の支払いが現実になされたことを示すエビデンス等もしっかりと揃えておきたい。

（2）子会社等を再建する場合の無利息貸付け等

無利息あるいは低利貸付けであることにつき，通常の経済取引として是認

することができる合理的な理由（法人税法 37 条）の一つとして，業績不振の子会社等の倒産を防ぐために緊急に行う貸付けがある。合理的な再建計画に基づくものなどであれば，合理的な理由があるものとして取り扱われる。

参考　法人税基本通達

（子会社等を整理する場合の損失負担等）

9-4-1　法人がその子会社等の解散，経営権の譲渡等に伴い当該子会社等のために債務の引受けその他の損失負担又は債権放棄等（以下 9-4-1 において「損失負担等」という。）をした場合において，その損失負担等をしなければ今後より大きな損失を蒙ることになることが社会通念上明らかであると認められるためやむを得ずその損失負担等をするに至った等そのことについて相当な理由があると認められるときは，その損失負担等により供与する経済的利益の額は，寄附金の額に該当しないものとする。

（注）子会社等には，当該法人と資本関係を有する者のほか，取引関係，人的関係，資金関係等において事業関連性を有する者が含まれる（以下 9-4-2 において同じ。）。

（子会社等を再建する場合の無利息貸付け等）

9-4-2　法人がその子会社等に対して金銭の無償若しくは通常の利率よりも低い利率での貸付け又は債権放棄等（以下 9-4-2 において「無利息貸付け等」という。）をした場合において，その無利息貸付け等が例えば業績不振の子会社等の倒産を防止するためにやむを得ず行われるもので合理的な再建計画に基づくものである（→　当初から回収が見込めないような融資ではなく返済計画を伴った融資である必要がある）等その無利息貸付け等をしたことについて相当な理由があると認められるときは（→　貸付側のために行う行う無利息貸付けであることがポイントとなる）その無利息貸付け等により供与する経済的利益の額は，寄附金の額に該当しないものとする。

（注）合理的な再建計画かどうかについては，支援額の合理性（→　貸付額が適正であること，借入側の財務内容・資金繰りの見通しなどから的確に定められていることが必要となる）支援者による再建管理の有無（→　順調に再建が進んだ場合には計画期間の経過前でも支援を打ち切る等の手当がなされているかなどが問題となる）支援者の範囲の相当性及び支援割合の合理性（→出資状況，経営参加状況，融資状況，支援

能力等からみて支援割合が合理的に決定されているかが問題となる）等について，個々の事例に応じ，総合的に判断するのであるが，例えば，利害の対立する複数の支援者の合意により策定されたものと認められる再建計画は，原則として，合理的なものと取り扱う。

金銭消費貸借契約の事実・返済条件等については金銭消費貸借契約書に明記することになるが，無利息又は低利貸し付けをすることの合理的な理由については，取締役会議事録・稟議書等にこれを記載し，エビデンスとして活用することになる。

金銭消費貸借契約書　親会社から子会社への貸付け　サンプル

金銭消費貸借契約書

貸主○○株式会社（以下「甲」という）と借主○○株式会社（以下「乙」という）とは，甲の乙に対する金員の貸付けに関し，以下のとおり合意した。

（金銭消費貸借）

第１条　甲は，乙に対し，本日金10,000,000円を貸し渡し，乙はこれを借り受けた。

> 要物契約

（利息）

第２条　前条の甲の乙に対する貸付金（以下「本件貸付金」という）の利息の利率は，年利○．○○パーセントとする。

> 所得税の源泉徴収は不要。

（弁済）

第３条　乙は元金を令和○年○月○日から令和○年○月○日まで，毎月末日までに金○○万円ずつ（ただし最終回は○○万円）合計○○回の分割払いにより返済する。

2　乙は，前項の各元金支払時に，その返済の直前の元金に対し，年365日の日割計算による利息を支払う。

3　前各項の元金の返済及び利息の支払いは，次の口座に振り込みにより行う。なお，振込手数料は乙の負担とする。

（金融機関名）○○銀行○○支店
（口座の種類）普通預金
（口座番号）○○○○
（口座名義）○○○○

（期限の利益の喪失）

第４条　乙に異かのいずれかの事由が生じたときは，甲の催告を要せず，乙は当然に期限の利益を喪失するものとし，直ちにその債務を弁済する。

①　乙が第３条に規定する元金の返済又は利息の支払いを２回以上連続して怠ったとき。

②　乙につき破産，民事再生，会社整理，会社更生手続開始の申立がなされたとき。

③　乙につき手形取引所の取引停止処分があったとき。

④　乙の他の債務につき，滞納処分による差押，強制執行又は競売の申立がなされたとき。

（遅延損害金）

第５条　乙が本契約に定める支払を遅滞したときは，支払期日の翌日から支払を完了するまで，残元金に対し，年14.6パーセント（年365日の日割り計算）の遅延損害金を甲に支払うものとする。

（費用負担）

第６条　本契約の締結に要する印紙その他の費用は乙の負担とする。

（協議）

第７条　本契約に定めのない事項又は本契約の解釈に疑義が生じた場合は，甲及び乙は誠意をもって協議のうえ，これを解決するものとする。

上記の内容を証するため，本書１通を作成し，甲乙記名押印のうえ，甲が原本１通を，乙が写し１通を保有する。

> 写しであっても貸主が原本証明を付すると印紙税の課税対象となるため注意を要する。

令和○年○月○日

貸主（甲）　所在地

○○株式会社

代表取締役社長　○○　○○

借主（乙）　所在地

○○株式会社

代表取締役社長　○○　○○

取締役会議事録（貸付側　合理的な再建計画に基づく無利息貸付け）サンプル

第○号議案　子会社に対する金銭の貸付けの件

議長から，当社の子会社である○○株式会社と下記内容の金銭消費貸借契約を締結し，営業資金として無利息で○○○万円の貸付けを実施したい旨の提案があった。ついで，○○取締役（経営企画担当）より○○株式会社の再建計画の説明があった。同社の資金繰り計画は別紙のとおりであり緊急の融資が必要であること，本件貸付けの実行は○○株式会社に経営責任を負う当社の責務であり，仮に貸付けを行わないとすれば当社は信用上大きな損失を負うことになること，本件貸付けの実行後は再建計画の実行によって同社の業況は改善し別紙返済計画のとおり返済の見込みであること，再建計画が順調な場合は再建計画を見直し市場金利に変更する可能性があること等の説明があった。

ついで議長が賛否を諮ったところ，出席取締役全員異議なくこれを承認可決した。

記

（金銭消費貸借契約の内容）

1　貸付先　○○株式会社

2　貸付金額　○○○万円

3　利息　無利息（ただし，再建計画の見直しによって市場金利に見直す場合がある）

4　返済条件　○○○○

以上

取締役議事録（借主側　無利息借入の場合）サンプル

第○号議案　親会社からの金銭の借入れの件

議長から，当社の親会社である○○株式会社と下記内容の金銭消費貸借契約を締結し，営業資金として無利息にて○○○万円の借入れを行いたい旨の提案があった。議長は，孫条件及び借入れの必要性，返済計画について説明のうえ，本件の賛否を諮ったところ，出席取締役全員異議なくこれを承認可決した。

記

（金銭消費貸借契約の内容）

1　借入先　○○株式会社

2　借入金額　○○○万円

3　利息　無利息（ただし，再建計画の見直しによって市場金利に見直す場合がある）

4　返済条件　○○○○

以上

取締役会付議事項かどうかは金額によるのが原則であるが「多額の借財」（会社法362条4項2号），子会社に対する無利息の貸付けは通常のものとはいえず，損害を負わせる危険性もあるため，金額が少額であっても取締役会に付議するのが望ましい。

（3）会社が借主となる場合

会社が借主となる場合，無利息・低利の貸付けであると，適正利率との差額分については，その分費用支出が少なくなっているため所得として課税対象となる。

適正利率については，ひも付きの場合その利率，そうでない場合は，利子税特例基準割合によるとの所得税の通達が参考になる。

> 所得税基本通達
>
> 36-49　使用者が役員又は使用人に貸し付けた金銭の利息相当額については，当該金銭が使用者において他から借り入れて貸し付けたものであることが明らかな場合には，その借入金の利率により，その他の場合には，貸付けを行った日の属する年の租税特別措置法第93条第2項《利子税の割合の特例》に規定する（利子税特例基準割合による利率※）により評価する。

※令和4年分　平均貸付割合（日本銀行が公表する前々年9月～前年8月における「国内銀行の貸出約定平均金利（新規・短期）」の平均）0.4％＋0.5％＝0.9％

借入金額についても，売上を形式的に借入金処理している（脱税に該当する）のではないかと要らぬ疑いをもたれないように，できるだけ端数にしない，消費税額が加味されたような金額（例：1,100万円）にしないように注意したい。また貸付金の入金の仕方につき通帳に現金で入金するのではなく，貸主の口座から振込入金にするなどの工夫も求められる。役員からの借入の場合，その原資を説明する書類を事前に用意しておくと良い。

＜役員からの借入金○，○○○万円の内訳例＞
○,○○○万円　平成○○年○月の相続により取得
○,○○○万円　令和○年○月の○○○の株式譲渡代金
○,○○○万円　役員報酬　○○銀行○○支店に振込入金されたもの

Ⅳ　アグレッシブな節税

アグレッシブな節税策においては，その税効果が大きいことから，条文や判例の示す判断基準に適合していることを示す説得的なエビデンスの作成は必須といえる。税効果への願望の強さからいきおいあまって事実とは異なるエビデンスを作成することは即悪質な脱税行為につながることから厳に慎みたい。

1　組合員

個人の資産家向けの節税商品として，組合員として巨額の減価償却資産を共同購入し，多額の減価償却費の計上によって所得税を抑えるといったものがある。最高裁判所は，減価償却資産（法人税法2条23号）が帰属しているといえるかどうかの判断基準として，当該資産を事業の用に供しているか，当該資産は事業において収益を生む源泉となっているかどうか，といったものを挙げている（最判平成18年1月24日・民集60巻1号252頁（パラツィーナ事件））。その上で以下のような事実を証拠等から認定し，問題となった組合が所有権等を取得した映画は組合にとって法人税法にいう減価償却資産に当たるとは認められないとする。

・購入後すぐに所有権等の権利が別会社に移転しており，組合は映画の購入資金の約4分の3を占める借入金の返済について実質的な危険を負担しない地位にある。
・本件組合に出資した組合員は本件映画の配給事業自体がもたらす収益についてその出資額に相応する関心を抱いていたとはうかがわれない。

組合の取得した資産につき減価償却費を計上するにあたっては，所有権等の所有状況を示すエビデンス，返済計画を示すエビデンス，収益についての取決め，組合に参加するまでの経緯を示す資料等を作成保存し，当該資産を組合の事業の用に供しており，収益を生む源泉となっていたと法的に評価されるようにしておく必要がある。

2　行為計算否認

（1）組織再編に係る行為計算否認（法人税法132条の2）

組織再編により資産を移転する前後で経済実態に実質的に変更がないと考えられる場合，移転資産の譲渡損益の計上を繰延べ，課税関係を継続させることで企業の競争力を確保しようとするのが組織再編税制である。もっとも同税制をたとえば次のように租税回避の手段として濫用し法人税の負担を減少させた場合には，税負担の公平の観点から当該行為又は計算は否認される。

- 繰越欠損金や含み損のある会社を買収し，その繰越欠損金や含み損を利用するために組織再編成を行う。なお，繰越欠損金や含み損を利用した租税回避に対しては，個別的な防止規定も設けられている（法人税法57条3項，62条の7）。
- 複数の組織再編成を段階的に組み合わせることなどにより，課税を受けることなく，実質的な法人の資産譲渡や株主の株式譲渡を行う。
- 相手先法人の税額控除枠や各種実績率を利用する目的で組織再編成を行う。
- 株式の譲渡損を計上する，あるいは株式の評価を下げるために分割等を行う。

行為計算否認を受けるかどうかは，納税者の行為計算が組織再編税制や個別規定の趣旨・目的から逸脱していないかによって判断されることになる。グループ企業の正当な事業目的によって行った組織再編によって結果的に法人税が減少したようなケースでは，当局から不要な疑いをいただかれないためにも，組織再編の事業上の必要性を示すエビデンス，法人税が減少したのはあくまで副次的な効果に過ぎないことを示すエビデンスの作成が不可欠となる。当事者間のやりとりの記録はもちろん，各法人の意思決定の場面でなぜこのような組織再編を行うのかにつき議事録等に記載しておきたい。その際，組織再編によって生じうる効果を分析した資料を専門家等に作成してもらい添付すると説得力が増す。

（2）同族会社の行為計算否認（法人税法 132 条）

同族会社の行為計算否認は，同族会社ゆえに行えた行為計算か，すなわち純経済人の行為計算として不合理・不自然であるかといった観点から判断される。具体的には行為計算が異常ないし変則的で，租税回避以外に正当な理由ないし事業目的が存在しない場合がこれに該当する。典型的には実態のない業務委託の必要経費算入，委託業務の内容からして不当に高額な支出などがこれに該当する。変則的な行為計算は行わないのが鉄則であるが，やや技巧的な行為計算を行う必要が生じた場合，正当な事業目的からこれを行っていることを示す議事録や稟議書等のエビデンスの作成・保存は必須となる。

第2章 その他の税目

I 国際課税

1 恒久的施設（PE）

たとえば社員がリモートワークを活用し海外の居住地で就労する場合，その者の事業活動内容によっては居住地国によってその自宅（勤務地）がPE（Permanent stablishment，恒久的施設）として認定される可能性がある。PEとして認定されると，当該PEに帰属する所得については居住地で日本の法人税に相当する税金の申告と納税が必要となってくる。居住地国からPEとして認定されるかどうかは居住地国の税法によるが，日本との間で租税条約が締結されこれにPEの定めがある場合にはそれに従うことになる。たとえば，日米租税条約ではPEについては「事業を行う一定の場所であって企業がその事業の全部又は一部を行っている場所」（同条約5条1項）をいうと定義され，「事業の管理の場所」（同条約5条2項）などがこれにあたるとされている。単純に「商品の保管，展示又は引渡し」や「購入」情報，収集目的の活動等であれば，「準備的又は補助的な性格」に留まる限り，これにあたらないとされている（同条約5条4項）。居住地国から予想に反してPE認定されてしまうと不慣れな居住地国での追徴課税への対応，二重課税の調整への対応が求められることになり予期せぬ負担が生じてしまう。社員の行うフルリモートワークが日本で行っていた事務作業の延長であれば，日本での事業を補助するだけの活動としてPE認定されるリスクは高くはないが，せっかく海外で就労するのであるから移住先でも顧客を拡大させようと現地での営業活動等も当該社員に行わせるとなってしまうと情報収集目的を超えて重要な役割を担った活動を現地で行っているとしてPE認定されるリスクが生じてくる。PE 認定を受けたくないというのであれば，現地での活動内容が「準備的又は補助的な性格」にとどまることを示せる現地当局向けのロジックの構築とエビデンスの作成は必須となる。

この点，逆方向の事例であるが，米国居住のものが行った日本の顧客向けのインターネット通信販売業に関し，商品を保管・発送していた日本のアパート等につき，日本語取扱書を同封する作業や返品を受け入れる作業は単なる「保管」又は「引渡し」の範囲を超える重要な業務であったとして，「準備的又は補助的な性格」の活動を行っていた場所であったとはいえないとしたものがある（東京高判平成 28 年 1 月 28 日・税務訴訟資料 266 号）。

2　国外勤務手当（非課税）

所得税法９条１項７号は，非課税所得として「国外で勤務する居住者の受ける給与のうち，その勤務により国内で勤務した場合に受けるべき通常の給与に加算して受ける在勤手当（これに類する特別の手当を含む）で政令で定めるもの」を掲げ，これを受け所得税法施行令22条では，「法第９条第１項第７号（非課税所得）に規定する政令で定める手当は，国外で勤務する者がその勤務により国内で勤務した場合に受けるべき通常の給与に加算して支給を受ける給与のうち，その勤務地における物価，生活水準及び生活環境並びに勤務地と国内との間の為替相場等の状況に照らし，加算して支給を受けることにより国内で勤務した場合に比して利益を受けると認められない部分の金額とする。」と定める。

当該在勤手当等が非課税となっている趣旨は，次のようなものである。

> 在外公館の公務員等国外で勤務する居住者は，その国外勤務に対して受ける給与については課税の対象とされるが，海外生活に伴う生活費等の増加等をカバーするため在勤手当の支給を受けても，それによって国内で勤務した場合と比較して利益を受けることとならないことから，そのような在勤手当等は非課税としたものである（DHC コンメンタール所得税法・法第９条第１項第７号解説部分・第一法規）。

国外勤務手当がかかる非課税所得に該当することのエビデンスとしては，法令の考慮要素に沿ったもの，すなわち勤務地における物価，生活環境ならびに為替相場等の状況からして，加算して支給しても利益を与えるものではないことを示す事実を立証できるものを準備することとなる。生活環境の変化に伴う海外赴任者の追加出費としては，たとえばガードマンや家政婦等の雇い入れ費用などが想定される。また算定根拠として生活費指数（直近の現地生計日指数）や為替レート等を加味した在外手当規程をあらかじめ設けておくことも有効である。

3 タックス・ヘイブン

外国関係会社のうち，特定外国関係会社（ペーパーカンパニーやキャッシュボックス，あるいは情報開示に非協力的な国に本拠をもつ会社など，ただし30％以上の税負担が既にあれば除外）又は対象外国関係会社（事業基準，管理・支配基準，非関連者基準をみたさない会社など，ただし20％以上の税負担が既にあれば除外）に該当するものについては，持株割合・議決権割合等が10％以上の居住者や内国法人は，適用対象金額のうち持株割合等に応じた一定の金額につき，雑所得又は益金として課税義務を負うことになる。租税負担が極端に低い国や地域に子会社を設立し租税回避を図ることを防止するための，いわゆるタックス・ヘイブン対策税制である。平成22年度税制改正からは租税回避のための資産保有についても，適用対象とされる資産所得に対しては課税対象とされるようになった。同税制については改正が頻繁に行われており，税務調査で揉めないためのエビデンス作成においては，まずもって現在の税制がどのようなものになっているのかを正確に把握することが求められる。適用除外要件など，具体的なケース別に細かな規定となっており読み込むのも一苦労であるが，エビデンスを用意する側からすれば，細かければ細かいほどどのようなエビデンスを用意すればよいかわかりやすくなるため，ありがたい側面がある。税務調査では対応する法令等を意識して作成したエビデンスを求めがあれば迅速に提出するように準備しておきたい。なお，外国関係会社が事業基準，実体基準，管理・支配基準，非関連者基準又は所在地国基準をみたしているかの判定等に必要な資料の提示・提出を求められた場合にこれができなければ，要件をみたしていないものと推定されることに法令上なっていることには注意を要する（租税特別措置法40条の4第3項・第4項，同法66条の6第3項・第4項）。

4 移転価格

国外関連者との取引につき，対価の額が独立企業間価格にみたない場合，あるいはこれを超える場合には，法人所得の計算において，その取引は独立企業間価格で行われたとみなされる（移転価格税制）。独立企業間価格については，価格算定方式の合理性を支えるエビデンスとそれに従った算定にあたっての根拠資料としてのエビデンスの二つが問題となるが，まずは独立企業間価格を算定するために必要とみとめられる書類として法令で指定された書類（電磁的記録も含む）（ローカル・ファイル）は確定申告書の提出期限までに作成，保存義務があることから，これを履践しておく必要がある（租税特別措置法 66 条の 4 第 6 項，同規則 22 条の 10，財務省規則 22 条の 10 第 6 項）。税務調査においてこれらを指定の日までに提示・提出できないと推定課税を受けうることになることから注意したい（租税特別措置法66条の4第8 項等）。また，特定多国籍企業グループの最終親会社には国別報告事項の e–Tax による英語での報告義務，構成会社等にはグループの組織構造，事業の概要，財務状況等の事業概況報告事項（マスター・ファイル）の e–Tax による英語又は日本語による報告義務がある。この種の書類の作成においては，内容面で現在採用する算定方式が合理的なものであるとの説明と矛盾が生じていないか，当局側に疑念を抱かれるようなロジックとなっていないか，採用するロジックが妥当する取引と実際になっているか，それを示せるエビデンスは十分か，といった当庁・当局側の立場にたって事前に厳しくチェックしておきたい。

独立企業間価格の算定については，かつての基本 3 法に加え，取引単位営業利益法，利益分割法，DCF 法が追加され，選択肢も広がり精緻なものとなってきているが，事業についての経験や専門知識のない調査担当者に選択した方式が最も合理的であることを説明しきらなければならず，ロジックの構築とエビデンスの整理には困難を伴うことが多い。特に相互協議によるマルチの合意が成立しにくい国にある国外関連者との取引については二重課税の危険も高まることから，通達上の措置として認められている日本の当庁との関係での事前確認制度をうまく有効活用していきたい。そこでも最も合理的な算定方法であることを証明するための資料（エビデンス）の作成と提出は必須となる。

II　所得税

【所得区分】

1　組合事業

民法上の組合の組合員が組合事業に従事したことにつき組合から金員の支払を受けた場合の所得区分として，組合の事業から生じた利益の分配か，給与所得に係る給与等の支払い（所得税法28条1項）かが，問題となることがある。裁判所は，当該支払の原因となった法律関係についての組合及び組合員の意思ないし認識，当該労務の提供や支払の具体的態様等を考察して客観的に判断すべきものとの判断基準を示したうえで，証拠等から次のような事実を認定し，法的評価を加えあてはめを行っている（最判平成13年7月13日・判時1763号195頁（りんご生産組合事件））。

（1）認定された事実

① 本件組合から上告人ら専従者に支払われた労務費は，雇用関係にあることが明らかな一般作業員に対する労務費と同じく，作業時間を基礎として日給制でその金額が決定されており，一般作業員との日給の額の差も作業量，熟練度の違い等を考慮したものであり，その支払の方法も，一般作業員に対するのと同じく，原則として毎月所定の給料日に現金を手渡す方法が採られていた。

② 他方で，組合員に対する出資口数に応じた現金配当は平成3年度に一度行われたことがあるに過ぎない。

③ 上告人ら専従者は，一般作業員と同じく，管理者の作業指示に従って作業に従事し，作業時間がタイムカードによって記録され，その作業内容も一般作業員と基本的に異なるところはなく，違いがあるとしてもそれは熟

練度等の差によるものであった。

④　本件組合の目的であるりんご生産事業について，設立当初は各組合員がその出資口数に応じて出役する責任出役義務制が採られていたのが，雇用労力を用いる方が合理的あるとの認識に基づき，管理者，専従者及び一般作業員が生産作業を行う形態に改められた経緯がある。

（2）事実の法的評価及びあてはめ

(1) ①②からすれば，本件組合及びその組合員は，専従者に対する上記労務費の支払を雇用関係に基づくものと認識していたことがうかがわれ，専従者に対する労務費は，本件組合の利益の有無ないしその多寡とは無関係に決定され，支払われていたとみるのが相当である。

(1) ①ないし④の事実関係からすれば，本件収入に係る所得は給与所得に該当すると解するのが相当である。

以上から，裁判所では金員の支払い額の計算方法，支払方法等に着目し判断がなされていることがわかる。所得区分を自ら判定しそれに沿ったエビデンスを準備する際にも，これらの着目点については必ず意識しておきたい。

2　事業所得と給与所得

業務の遂行ないし労務の提供から生ずる所得が所得税法の事業所得と給与所得のいずれに該当するかは，所得区分においてしばしば問題となる論点である。この点につき裁判所は次のように判示する（最判昭和56年4月24日・民集35巻3号672頁）。

＜規範：判断基準＞

> 判断するにあたっては，租税負担の公平を図るため，所得を事業所得，給与所得等に分類し，その種類に応じた課税を定めている所得税法の趣旨，目的に照らし，当該業務ないし労務及び所得の態様等を考察しなければならない。

> 判断の一応の基準として，両者を次のように区別するのが相当である。すなわち，事業所得とは，自己の計算と危険において独立して営まれ，営利性，有償性を有し，かつ反復継続して遂行する意思と社会的地位とが客観的に認められる業務から生ずる所得をいい，これに対し，給与所得とは雇用契約又はこれに類する原因に基づく使用者の指揮命令に服して提供した労務の対価として使用者から受ける給付をいう。なお，給与所得については，とりわけ，給与支給者との関係において何らかの空間的，時間的な拘束を受け，継続的ないし断続的に労務又は役務の提供があり，その対価して支給されるものであるかどうかが重視されなければならない。

上記判断基準によれば，事業所得か給与所得かは，自己の計算と危険において独立しているか（独立性），使用者の指揮命令に服しているか（従属性），に着目して判断されるのであるが，近年の裁判例では，特に後者を重視するものもみられる（東京地判平成24年9月21日・税務訴訟資料262号順号12043など）。

独立性については，業務の内容や成果等の変動に応じた報酬を受領し費用を負担することとされている場合にはあるものとされることが多い。従属性については，労務提供の形態，すなわちその業務を行う対象，場所，時間などを他者が決定し，それに従って労務や役務の提供が行われているか，で判断することになる。そのため，業務遂行に必要な様々な判断を自分自身でできていてもこれらの観点から従属性があるとされることがあるので注意を要する。

所得区分とそれにそったエビデンス作成においても，これらの点を意識しておきたい。

3　退職所得

退職所得は，その内容において退職者が長期間特定の事業所等において勤務してきたことに対する報償及び同期間中の就労に対する対価の一部分の累積たる性質をもつとともに，その機能において，受給者の退職後の生活を保障し，多くの場合いわゆる老後の生活の糧となるものであるため，公正を図るため，また社会政策上，高額の退職所得控除，2分の1課税，分離課税といった優遇措置がとられている。そのため，支給される金員が退職所得に該当するかは当局にとっても重要な関心事となる。

裁判所は，この点につき，所得税法第30条第1項の文理と退職所得に対する優遇課税についての立法趣旨から，「退職手当，一時恩給その他の退職により一時に受ける給与」に該当するかは，それが（1）退職すなわち勤務関係の終了という事実によって初めて給付されること，（2）従来の継続的な勤務に対する報償ないしその間の労務の対価の一部の後払いの性質を有すること，（3）一時金として支払われること，との要件を備えることが必要であり，「これらの性質を有する給与」に該当するためには，形式的にはこれらの要件のすべてを備えていなくとも，実質的にみてこれらの要件の要求するところに適合し，課税上，「退職により一時に受ける給与」と同一に取り扱うことを相当とするものであることを必要とする，と判示する（最判昭和58年12月6日・判時1106号61頁）。後者の例としては，定年延長又は退職金制度の採用等の合理的な理由による退職金支給制度の実質的改変により精算の必要があって支給されるものや，当該勤務関係の性質，内容，労働条件等において重大な変動があって，形式的には継続している勤務関係が実質的には単なる従前の勤務関係の延長とはみられるないなどの特別の事実関係がある場合が挙げられている（同判決）。

課税実務においては所得税基本通達30–2，30–2の2があることから，これに準拠できるのであれば準拠した上で，該当していることを示せるエビデンスを用意しておきたい。

所得税基本通達
（引き続き勤務する者に支払われる給与で退職手当等とするもの）
30−2　引き続き勤務する役員又は使用人に対し退職手当等として一時に支払われる給与のうち，次に掲げるものでその給与が支払われた後に支払われる退職手当等の計算上その給与の計算の基礎となった勤続期間を一切加味しない条件の下に支払われるものは，30−1にかかわらず，退職手当等とする。

(1)　新たに退職給与規程を制定し，又は中小企業退職金共済制度若しくは確定拠出年金制度への移行等相当の理由により従来の退職給与規程を改正した場合において，使用人に対し当該制定又は改正前の勤続期間に係る退職手当等として支払われる給与

（注）
1　上記の給与は，合理的な理由による退職金制度の実質的改変により精算の必要から支払われるものに限られるのであって，例えば，使用人の選択によって支払われるものは，これに当たらないことに留意する。
2　使用者が上記の給与を未払金等として計上した場合には，当該給与は現に支払われる時の退職手当等とする。この場合において，当該給与が2回以上にわたって分割して支払われるときは，令第77条（(退職所得の収入の時期)）の規定の適用があることに留意する。

(2)　使用人から役員になった者に対しその使用人であった勤続期間に係る退職手当等として支払われる給与（退職給与規程の制定又は改正をして，使用人から役員になった者に対しその使用人であった期間に係る退職手当等を支払うこととした場合において，その制定又は改正の時に既に役員になっている者の全員に対し当該退職手当等として支払われる給与で，その者が役員になった時までの期間の退職手当等として相当なものを含む。）

(3)　役員の分掌変更等により，例えば，常勤役員が非常勤役員（常時勤務していない者であっても代表権を有する者及び代表権は有しないが実質的にその法人の経営上主要な地位を占めていると認められるものを除

く。）になったこと，分掌変更等の後における報酬が激減（おおむね50％以上減少）したことなどで，その職務の内容又はその地位が激変した者に対し，当該分掌変更等の前における役員であった勤続期間に係る退職手当等として支払われる給与

(4)　いわゆる定年に達した後引き続き勤務する使用人に対し，その定年に達する前の勤続期間に係る退職手当等として支払われる給与

(5) 労働協約等を改正していわゆる定年を延長した場合において，その延長前の定年（以下この（5）において「旧定年」という。）に達した使用人に対し旧定年に達する前の勤続期間に係る退職手当等として支払われる給与で，その支払をすることにつき相当の理由があると認められるもの

(6)　法人が解散した場合において引き続き役員又は使用人として清算事務に従事する者に対し，その解散前の勤続期間に係る退職手当等として支払われる給与

なお，これらの要件を充たしていたとしても，勤続年数5年以下の法人役員等への退職手当等に該当する場合には，退職所得控除後の金額が300万円を超える部分は2分の1課税の対象外とされていることに注意したい（所得税法30条2項かっこ書き等)。

4　一時所得と雑所得

利子所得，配当所得，不動産所得，事業所得，給与所得，退職所得，山林所得及び譲渡所得のいずれにも該当しない所得については，一時所得と雑所得のいずれかに区分されることになるが，一時所得では損益通算ができないため，ギャンブルの収益などにつきどちらに区分されるかが問題となることがある。

法文上は，一時所得につき，「営利を目的とする継続的な行為から生じた所得以外の一時の所得で労務その他の役務又は資産の譲渡の対価としての性質を有しないもの」（所得税法34条）とのみ定める。この点につき，裁判所は次のような判断基準を示している。

> 営利を目的とする継続的行為から生じた所得であるか否かは，文理に照らし，行為の期間，回数，頻度その他の態様，利益発生の規模，期間その他の状況等の事情を総合考慮して判断するのが相当である
>
> （最判平成27年3月10日・刑集69巻2号434頁）

諸事情の総合考慮となっているが，実際のあてはめにおいては，継続的行為であっても回収率が100％を超え，年トータルでみて利益をあげていないと「営利を目的」とするものではないとされる傾向にあることから（東京高判平成29年9月28日・税務訴訟資料267号（順号13068）など），注意したい。区分後は，裁判所の掲げる考慮要素に沿ってエビデンスを用意することになる。

5　一時所得と譲渡所得

資産の譲渡の対価につき，時価から離れて高額の価格を設定すると，時価との差額部分につき，一時所得とされる場合がある。たとえば上場株式の譲渡において，譲渡金額中に当該上場株式の譲渡の「対価」たる性質を有しない部分があるときは，当該部分は譲渡所得ではなく一時所得の課税対象となるとされたものがある（東京高判平成 26 年 5 月 19 日・税務訴訟資料 264 号（順号 12473 号））。当該事例において裁判所は，譲渡の「対価」たる性質につき，次のような判断基準を示している（下線部は筆者）。

> 譲渡する資産が上場株式であるときは，その譲渡価額がその資産の譲渡の『対価』たる性格を有しているかどうかは，①当該上場株式の市場価格，②当該取引の動機ないし目的，③当該取引における価格の決定の経緯，④当該価格の合理性などの諸点に照らして判断すべきものと解される。

その上で，裁判所は以下の事実を証拠及び弁論の全趣旨から認定したのち，本件譲渡は，自己の借入金の返済及び相続税の納付のために必要な一定規模の資金を調達するという目的を達成するための手段として，譲渡時における市場価格の水準をあえて無視して，本件市場単価に一定の金額を上乗せして本件取引単価を設定したもので，本件譲渡における本件株式の譲渡の対価たる性格を有するのは，本件取引単価のうち，本件市場単価の部分に限られると結論づけた。

- 譲渡人と譲受人の関係
- 当事者の意図ないし動機
- 本件譲渡による債務解消スキーム
- 本件取引単価の決定の経緯
- 売買代金の決済状況及び代金の使途

本裁判例の事実認定においては，当事者の供述内容が証拠として多く引用されている。たとえば，「原告が経営上の意思決定に強い影響力をもっていた」「原告が返済スキームの申出をした」「買主会社では取締役を開催して審議したことはない」「純資産価格は後付の根拠」といった事実が原告側の供述によって明らかにされている。もっとも，裁判所は，これとは別に株式の所有状況，役員履歴，金銭の流れ，買主の債務超過，税理士や国税庁見解等の動かし難い客観的な証拠を軸にこれらの事実認定を行っている。税務調査段階でこれらの動かし難い客観的な証拠を根拠にして供述を迫られた場合，「調査について必要があるとき」（国税通則法74条の2第1項）としかいいようがなく，協力拒否等を行えば罰則の対象となりえた（同127条）。

本裁判例を前提にすれば，個人と法人との間で時価よりも高額の「代金」設定を当事者間で行う場合であっても，「代金」決定のプロセスを含めその「代金」であることの合理性を説得的に説明できる程度の資料を，事前にそろえておくことが重要となってくる。

【課税単位】

1　親子による事業経営

たとえば親子が相互に協力して一個の事業を営んでいる場合における所得の帰属先が問題となることがある。この点につき，裁判所は次のような判断基準を示している（東京高判平成3年6月6日・訟月38巻5号878頁　親子歯科医師事件）。

その収入が何人の勤労によるものであるかではなく，何人の収入に帰したかで判断されるべき問題であって，ある事業による収入は，その経営主体であるものに帰したものと解すべきであり（最高裁昭和37年3月16日第二小法廷判決・裁判集民事59号393頁参照），従来父親が単独で経営していた事業に新たにその子が加わった場合においては，特段の事情のない限り，父親が経営主体で子は単なる従業員としてその支払いのものに入ったものと解するのが相当である。

この事例で裁判所が証拠から認定した事実は以下のようなものである。なお，②③は受付・経理事務を担当していた長女の証言から認定されている。

① 子が歯科医院の開業にあたり必要とした医療器具，医院改装の費用は，親名義で借り入れられ，当該医療器具等の売買契約等における当事者は親であり，返済は親名義の預金口座からなされている。当該借入れにあたり，親所有の土地建物（医院の敷地及び建物）に根抵当権が設定されている。

② 更正処分等以前，医院の経理上，親と子の収支が区分されていなかった。

③ 親が二十数年医院を経営してきたのち，子が医師として同医院の診療に従事したのは，問題となっている年の前年からであった。

上記事実をもとに裁判所は次のような法的評価のもと，あてはめを行っている。

問題となっている年の医院の実態は，子の医師としての経験が新しく，かつ短いことから言っても，親の長年の医師としての経験に対する信用力のもので経営されていたとみるのが相当であり，したがって，医院の経営に支配的刑協力を有しているのは親であると認定するのが相当である。親が医院の経営主体である以上，その経営による本件収入は，親に帰するものというべきである。

収支の区分については，以下の通達でも指摘されているところであることから，エビデンス作成上も必ず留意しておきたい。

所得税基本通達
（親族間における事業主の判定）
12-5　生計を一にしている親族間における事業（農業を除く。以下この項において同じ。）の事業主がだれであるかの判定をする場合には，その事業の経営方針の決定につき支配的影響力を有すると認められる者が当該事業の事業主に該当するものと推定する。この場合において，当該支配的影響力を有すると認められる者がだれであるかが明らかでないときには，次に掲げる場合に該当する場合はそれぞれ次に掲げる者が事業主に該当するものと推定し，その他の場合は生計を主宰している者が事業主に該当するものと推定する。

(1)　生計を主宰している者が一の店舗における事業を経営し，他の親族が他の店舗における事業に従事している場合又は生計を主宰している者が会社，官公庁等に勤務し，他の親族が事業に従事している場合において，当該他の親族が当該事業の用に供されている資産の所有者又は賃借権者であり，かつ，当該従事する事業の取引名義者（その事業が免許可事業である場合には，取引名義者であるとともに免許可の名義者）である場合
当該他の親族が従事している事業の事業主は，当該他の親族

(2)　生計を主宰している者以外の親族が医師，歯科医師，薬剤師，弁護士，

税理士，公認会計士，あん摩マッサージ指圧師等の施術者，映画演劇の俳優その他の自由職業者として，生計を主宰している者とともに事業に従事している場合において，当該親族に係る収支と生計を主宰している者に係る収支とが区分されており，かつ，当該親族の当該従事している状態が，生計を主宰している者に従属して従事していると認められない場合当該事業のうち当該親族の収支に係る部分の事業主は，当該親族

(3) (1) 又は (2) に該当する場合のほか，生計を主宰している者が遠隔地において勤務し，その者の親族が国もとにおいて事業に従事している場合のように，生計を主宰している者と事業に従事している者とが日常の起居を共にしていない場合　当該親族が従事している事業の事業主は，当該親族

2 「生計を一にする」親族への事業従事対価

個人事業主（不動産所得，事業所得又は山林所得を生ずべき事業に限る）が事業従事者に対価を支払う場合，支払の対象者が「居住者と生計を一にする配偶者その他の親族」のときには，原則として当該対価相当額は必要経費に算入できない扱いとなっている（所得税法56条）。ここでの従事は従属的なものでなくてもよいとされている（最判平成16年11月2日・判時1883号43頁　弁護士夫婦事件）。同法の適用においては，「生計を一にする」の範囲が問題となることがある。

裁判所はこの点につき，「有無相扶けて日常生活の資を共通にして」いるかどうかで判断するとの規範を立てており（最大判昭和36年9月6日・民集15巻8号2047頁），上記事例では次のような事実を認定，引用した上で，問題となった長男と次男につき，親と有無相扶けて日常生活の資を共通にしていたものと認めるには足りないと判示している。

＜控訴審判決が指摘した事実＞

- 前年までは事業専従者であった。
- 源泉徴収所得税を徴収せず，同年度分の住民税所得割を納付していなかった。
- 雇人費を記載した帳簿がない。雇人費の支払は毎月の金額・支給時期が一定していなかった。
- もっぱら支払者が経営する事業に従事し，その事業から生ずる収入によってのみ生計を維持していた。

＜最高裁判決が指摘した事実＞

- 長男，次男はいずれも当時既に結婚して親と別居していた。
- 親の事業は親子だけによる小規模な個人企業であった。

裁判所が指摘した事項は，すべて「生計を一にする」かの判断につき関連してくることから，エビデンスを作成する際には意識しておきたい。なお，同法の例外である青色事業専従者（所得税法57条）に該当するためには，以下の要件を充たす必要がある（所得税法施行令165条）。②の「生計を一にする」については上記と同様に考えてよいであろう。

① 専従者給与の届出書に記載された金額の範囲内で給与の支給があること
② 青色事業者と生計を一にする配偶者その他の親族であること
③ その年を通じて6月を超える期間，青色事業者の営む事業に専ら従事していること

Ⅲ　相続税・贈与税

1 「居住」

相続・贈与については，日本の課税権が及ぶかどうかに関連し，受贈者が国内に「住所」（旧相続税法1条の2，現同法1条の4）を有するか否かが問題となることが多い。

この点につき，裁判所は次のような判断基準を立てている（最判平成23年2月18日・判時2111号3頁　武富士事件）。

> 「住所」とは，「生活の本拠，すなわち，その者の生活に最も関係の深い一般的生活，全生活の中心を指すものであり，一定の場所がある者の住所であるか否かは，客観的に生活の本拠たる実体を具備しているか否かにより決すべきものと解するのが相当である。」

当該判例において認定引用された事実は以下のとおりである（上記判決の第一審判決（東京地判平成19年5月23日・訴月55巻2号267頁）より引用。下線部は筆者）

- 本件贈与を受けた当時，上告人は本件会社の香港駐在役員及び本件各現地法人の役員として香港に赴任中であった。
- 香港への出国にあたり上告人は住民登録上，香港への転出の届出を行っていた。
- 香港への赴任は通算で約3年半にわたり，本件贈与は赴任から約2年半後に行われた。
- 上告人は香港赴任中の約3分の2の日数を本件香港居宅に滞在していた。
- 本件香港居宅は2年単位（合計4年）で賃借したサービスアパートメントであった。
- 上告人は本件赴任中，現地で本件会社又は本件現地法人の業務として香港ないしその周辺所得に在住する関係者との面談等に従事していた。

そのうえで，本件贈与を受けた時において，本件香港居宅は生活の本拠たる実体を有していたものというべきであると結論づけている。ポイントとなった点として，2年単位のサービスアパートメント賃貸借契約，面談等の業務への従事，海外赴任中の滞在期間を挙げることができる。エビデンス作成上も，これらの点は意識したい。

2　事業承継税制

事業承継税制については，令和９年（2027 年）12 月 31 日までの贈与（及びそのあとの相続）・相続に限り，100 ％猶予（将来的には免除）の特例制度が準備されているが，多数の要件を長期間充たし続けなければ猶予取消になってしまうリスク等が存在するため，評価額が高額であるがゆえに同制度を利用していることを考えると，その利用には大きな税務リスクがあるといってよい。そのため，非上場株式の譲渡につき，適用要件や取消要件が複雑な事業承継税制の適用を受けるための業務を受託する際には，受託者側としては一定のリスクを軽減するための工夫が求められる。

以下では，業務委託契約書と，税務リスクの説明を受けたことの確認書のサンプルを示す。

事業承継税制を活用するための手続き等に関する業務委託契約書　サンプル

業務委託契約書

委託者甲と受託者乙は次のとおり，租税特別措置法の定める非上場株式等に関する贈与税・相続税の納税猶予及び免除の制度（以下「事業承継税制」という）に関する業務委託契約（以下「本契約」という）を締結した。

第１条　（委任業務の範囲）

１．甲は乙に対し，次に掲げる業務（以下「本件業務」という）を委託する。

① ○○から△△に対する，甲株式の贈与に係わる当該株式の株価の算定

② ①の贈与に関し，当該株式について事業承継税制（ただし，特例措置に限る）の適用を受けるために行う，特例承継計画の作成及び提出ならびにこれに付随する業務（特例承継計画の変更届及び確認取消申請に関する業務は含まれない）

③ ①の贈与に関し，当該株式について事業承継税制の適用を受けるた

めに行う，経営承継円滑化法に基づく認定申請及びこれに付随する業務

2． 次に掲げる業務及び本契約に定めのない業務については本契約には含まれず，甲及び乙協議のうえ別途定める。

① 事業承継税制適用後における，継続要件及び免除要件・切替要件等に関する指導・助言及び適用判定，各種申請にかかる期日管理，猶予期限の確定事由に関する管理・監督業務その他のモニタリング業務

② 事業承継税制適用後における各種申請業務（年次報告書，随時報告書，臨時報告書，切替確認申請書，認定取消申請書，継続届出書，免除届出書，その他一切の申請に係る書類の作成，提出及びこれに付随する業務）

③ 株価対策，遺言書作成等の相続対策，組織再編業務その他の特殊な作業や検討が必要な業務

3． 乙は，本件業務の遂行に必要と認められる場合，甲の事前の承諾を得て，本件業務の一部を，乙に所属していない外部の弁護士，司法書士，公認会計士，税理士，その他の専門家に対して再委託することができる。

第２条（契約期間）

本契約の契約期間は，本契約締結日より本件業務が完了するときまでとする。ただし，本件業務の遂行中において，前条第１項第１号に掲げる贈与に関し事業承継税制の適用を受けられないことが明らかとなった場合には，本契約は，乙が甲に対し，当該適用を受けられないことが明らかになった旨を書面で通知した時をもって終了するものとする。

第３条（委託報酬，支払時期及び支払方法）

1． 本件業務に係わる報酬は，金　〇〇〇，〇〇〇円とする（消費税・地方消費税は別途。以下同じ。）。

2． 甲は，乙に対し，前項に規定する報酬金額を，〇年〇月〇〇日限り乙の指定する下記口座に振り込んで支払う。尚，振込手数料は甲の負担とする。

記

○○銀行　○○支店（店番○○）

○○預金口座　○○

口座名義人　○○

第４条（資料等の提供及び責任）

１．甲は，本件業務の遂行に必要な書類，記録その他の資料及び情報（以下「資料等」という）を，その責任と費用負担において乙に提供しなければならない。

２．甲は，乙から資料等の請求があった場合には，これを速やかに提出しなければならない。資料等の提出が適時になされなかった場合，かかる不提供により甲に生じた損害に関しては，乙はその責任を負わない。

３．乙は，甲より提供された資料等が正確かつ適法であることを前提として第１条第１項に定める業務を行うものとし，甲により提供された資料等の不正確，不適法及び不備等（以下「不備等」という）により甲に生じた損害に関しては，乙はその責任を負わず，また甲により提供された資料等の不備等により第三者又は乙に生じた損害については，甲がその責任を負うものとする。

第５条（守秘義務）

１．乙は，甲より提供を受けた資料について，善良なる管理者の注意をもってこれを管理する。

２．乙は，業務上知り得た甲の秘密を正当な理由なく第三者に漏らし，又は本件業務の目的の範囲を超えて利用してはならない。

３．第１条第３項に基づく再委託をした場合，乙は，再委託先に対し，本契約に基づき乙が負担するのと同等の守秘義務を負わせなければならない。

第６条（説明義務及び免責）

１．乙は，本件委託業務の遂行にあたり，甲が特に注意すべき事項及び行うべき事項がある場合には，甲に対して説明し，承諾を得るものとする。

2．　甲が，前項の説明を受けて承諾したときは，甲は，当該事項を遂行する義務を負う。甲が当該事項を遂行しなかったために生ずる猶予期限の確定その他の不利益については，乙は何らその責任を負わない。

第７条（複数の処理方法に関する情報開示義務及び免責）

1．　乙は，本件業務の遂行に当たり，一般に認められている税法の解釈の範囲内において，複数の処理方法が存在し，そのいずれかを選択する必要がある場合には，甲に対して説明し，当該選択をすることに関して承諾を得るものとする。

2．　甲が前項の承諾をしたときは，当該承諾により，前項に定めた選択以外の方法を選択した場合と比して甲に不利益が生じた場合であっても，乙は何らその責任を負わない。

第８条（諸費用の負担）

第１条第３項に伴って発生する，乙に所属していない外部の弁護士，司法書士，公認会計士，税理士その他の専門家に対する報酬及び登録免許税・不動産取得税・印紙税等の租税公課，公告費用等第三者に別途支払う必要のある費用は，第３条に定める委託報酬に含まれない。

第９条（損害賠償責任）

本契約又は本件業務に関して乙が負う損害賠償責任は，第３条第１項に基づき，乙が甲より受けた報酬の額を限度とする。

第10条（管轄裁判所）

本契約に関して生じた一切の紛争については福島地方裁判所（郡山支部）を第一審の専属的合意管轄裁判所とする。

第11条（その他）

本契約に定めのない事項ならびに本契約のないようにつき疑義を生じる事項については，甲及び乙の協議の上，誠意をもって解決する。

本契約の締結を証するため，本書２通を作成し，甲乙が記名押印のうえ，各自１通を保有するものとする。

（甲）　委託者　住所
株式会社○○○
代表取締役　○○　○○　㊞

（乙）　受託者　住所
税理士法人　○○会計事務所
代表社員　○○　○○　㊞

上記業務委託契約の締結に伴う確認書及び承諾書　サンプル

説明を受けた事項に関する確認書及び承諾書

（受託者）税理士法人○○○○　御中

委託者甲及び乙１乃至乙○は，受託者　税理士法人○○○○との間でそれぞれ締結した○年○月○日付○○に関する業務委託契約（以下「本契約」という）に関し，令和○年○月○日現在の適用法令に基づき，下記の説明を受け，いずれもその内容を理解した上で，本契約に基づく受託者の業務執行を承諾いたしました。

記

１．別紙○に基づく，非上場株式等に関する贈与税・相続税の納税猶予及び免除の制度（以下「事業承継税制」という）の概要について

２．本契約第６条（説明義務及び免責）について

３．本契約第７条（複数の処理方法に関する情報開示義務び免責）について

４．納税猶予期限の確定事由（打切事由）及び猶予税額に係る免除事由について（主な確定事由及び免除事由については，別紙○参照）

以上

令和　　年　　月　　日

甲　（贈与株の対象会社・代表）㊞
乙１（贈与者）㊞
乙２（受贈者）㊞

3　贈与時の留意点

贈与を行う場合に，金銭等の動きだけだと金銭消費貸借なのか贈与なのか不明確となってしまうことから贈与であったことのエビデンスを残すことが重要となる。

しばしば子（孫）に内緒で子（孫）名義の預金口座に振り込み，本当に必要になるときまで無駄使いをしないように黙っていたが，贈与のつもりであったといったケースがみられるが，贈与を受けた側がこれを認識していないことから，民法上も贈与契約が成立することはない。贈与契約が成立するためには，「当事者の一方がある財産を無償で相手方に与える意思を表示し，相手方が受諾すること」（民法549条）まで必要である。そのため上述のケースでは単なる名義預金への入金にしかならない。同様に，主婦が夫の給与を自分名義で預金し続けてきただけでも不十分である。

贈与契約が成立していたことを示すためには，具体的には，次のようなエビデンスの作成作業が必要となる。

① 贈与の都度，贈与契約書を作成し，保存する。
② 贈与を受ける人が日常使っている口座への振り込みにより行う。
③ 贈与を受ける人が通帳・印鑑を管理する。
④ 贈与税の申告と納税を行う。

④に関連し，贈与税では暦年課税の場合，基礎控除額は110万円であるため，同金額の範囲内で贈与を行う節税対策がよく行われるが，贈与を行ったことのエビデンスを残すために，あえて基礎控除額110万円を少しこえる金額の贈与を行い，申告・納税をすることもある。納税資金についても贈与を受けていると疑われないためにも，申告の際に用いる印鑑は必ず受贈者のものとするように心がけたい。

また，贈与のつもりではなかったのに，当局から贈与があったと判断されかねない危険なケースとして次のようなものがある。

例1　親子や兄弟姉妹間で時価より2～3割安く資産を譲渡するケース

⇨世間相場より「著しく低い」(相続税法9条) として時価との差額分につき贈与税が課せられるリスクがある。

例2　マイホーム購入のための親から借り入れを行うが返す気がないとされるケース

⇨返済の実態がなければ対価を支払わないで「利益を受けた」(相続税法9条) とされ全額贈与とされるリスクがある。

親族間での資産の譲渡や借り入れはこのようなリスクがあることを承知の上で，時価と遜色のない金額の設定や，定期的な弁済と利息の支払いを行うと同時に，それらを疎明するためのエビデンスの作成・保存を心がけたい。

第 2 部

税務調査に効果的なエビデンスとは？

第一部では，具体的な場面・論点ごとのエビデンス作成の留意点を述べてきた。第二部では，効果的なエビデンスを作成するために，総論的に，前提となる考え方や注意点を述べていきたい。

実際のエビデンスの作成においては，是非これらを念頭においていただきたい。個別具体的な状況に即した応用力がでてくるはずである。

I　税務調査に効果的なエビデンスとは？

(1) 税務調査の目的

税務調査の目的は，適正な課税の実現にある。

適正な課税は，主権者たる国民の代表である議員を通じて定められた法律に基づいて行われることによって実現される（租税法律主義の手続的側面である合法性の原則，憲法 84 条・30 条)。

法律に基づく課税を適正に行うには，できるだけ判断する者の恣意性を省くため，いわゆる法的三段論法（税法分野でいう課税要件事実論に同じ）に従い，①「法規範」の発見，②「事実」の認定，③「法規範」への「事実」のあてはめ，といった三段階の作業に分解し，検証可能な形で行わなければならない。

エビデンス（証拠）は，②「事実」の認定の場面で用いられることになる。

(2) 法的三段論法（課税要件事実）を意識することの重要性

法的三段論法では次のような思考手順を経る。

【法的三段論法】

①「法規範」の発見（定立）

法規範は，一定の要件（課税要件）を満たせば一定の法律効果（課税）が発生する，といった形で定立される。法規範は，法律（租税法等）の条文そのものであることもあるし，条文からの論理法則に従った条文解釈（裁判規範）等によって導かれることもある。

② 「事実」の認定

「事実」をエビデンス（証拠）から経験則に基づいて認定する。

③ ②で認定された「事実」を①で定立された法規範の要件（課税要件）にあてはめる

あてはまるかどうかは「事実」の法的評価によって判断される。

税務調査において効果的なエビデンスを作成するには，この過程にそって考える必要がある。すなわち，①問題となっている法律効果（課税）を発生させる一定の要件（課税要件）とは何かを法律条文あるいは法律解釈によってまず特定しなければならない。次に，②その要件をみたすと法的に評価されるような「事実」あるいはそのように評価されないような「事実」は何かを検討しなければならない。そして最後に，③そのような納税者にとって不利な「事実」が課税庁（最終的には裁判所）によって認定されないようなエビデンス（証拠），納税者にとって有利な「事実」が認定されるようなエビデンスはどのようなものかを考えることになる。

【効果的なエビデンスの検討過程】

① 課税要件の特定（ここで当局と争いになった場合は法令解釈の争いとなる）
② 課税要件をみたすと法的に評価される（あるいはされない）ような具体的な「事実」の検討
③ ②の「事実」を当局等が認定するに十分なエビデンス（証拠）の検討

これらの検討過程を経なければ，エビデンス（証拠）作成の目的が不明確になり，場合によっては作成することでかえって納税者にとって不利に働くことにもなりかねない。エビデンスの作成にあたっては，これらの検討を順を追って行った上で，最終的に**これから作成するエビデンスによってどのよ**

うな具体的な「事実」を認定させたいのか，その獲得目標を明確にしておく必要がある。

①　法規範（課税要件）の発見（法令解釈）

問題となっている課税効果を発生させる一定の要件（課税要件）を特定するには，条文そのもので明らかになる場合にはその条文を仔細に読み込めば足りるが，条文自体は抽象的で実践的なあてはめができるレベルの課税要件が導けない場合，あるいは条文がそもそもない場合には，関連する法令の解釈によってこれを補い，間違いの少ないあてはめができるレベルにまで課税要件を具体化していく必要がある。法令解釈においては，確立された裁判実務（事実上の先例拘束性の認められる民集・刑集登載の最高裁判所の判決など）がある場合にはそれに従うことが求められる。これらの解釈は，裁判実務においては条文に準じた扱いがなされていると考えてよい。

また，税務調査で問題とされないことを第一義とする場合には，当局の採用する条文解釈である通達や事務運営指針（以下「通達等」という）に従う必要がある。

通達等もなく，裁判実務も確立していない分野については，当局から問題視されると条文解釈で揉める可能性が高いことを覚悟の上，裁決や下級審判決，有力な学説などを手掛かりに，自己のよってたつ解釈上の立場を明確にしておく必要がある。その際，文言解釈や趣旨解釈などあらゆる解釈上の視点から，当局側の立場にたって当局が主張してくるであろう，納税者にとって一番不利な解釈をも保守的に想定しておくのが賢明である。

通達等はあるが，裁判実務としては確立しているとまではいえない分野については，当局と対立することを覚悟の上で，自己のよってたつ解釈上の立場を明確にしておく必要がある。

通達等があり，裁判実務でも法令解釈として相当なものとして判断されている分野については，よほどそのように判断された時点と現在の状況が異なっており，かつ現在の日常感覚としてもおかしな解釈となっているような場合を除いて，これと異なる解釈によることはお薦めできない。

法的三段論法のスタートをなす条文解釈は，論理法則を使って行うことになるため，裁判実務が確立していない分野でこれを自ら行うには，条文解釈が問題となった過去の裁判例において解釈論が展開されている部分を読み込むなどして，論理的な思考力を普段から養っておくのが理想的である。また，条文解釈で揉めそうな取引で（累積）金額の大きい取引を開始する際には，この種の鍛錬を日常的に行っている税理士・弁護士等の専門家に意見書の作成を求めるなど，外部の専門家の意見も参考にしながら税務リスクの事前検討を行うことをお勧めしたい。税務リスクの事前検討は，経営にたずさわる取締役やこれを監視する監査役などの役員の善管注意義務を果たす上でも重要である。

意見書を作成する税理士・弁護士等の専門家の立場からみた場合，ここで誤った認識を納税者に与えてしまうと，のちのち賠償責任問題に発展しかねないため，裁判実務を意識した法令解釈をベースに，正しく納税者に想定される税務リスクを説明しておく必要がある。

また，一定の税務リスクのある取引を提案した上でこれに関連する業務執行を納税者から受託する際には，想定される税務リスクにつき説明を受け，これを理解したことを確認する書面や，当該リスクを理解した上で一定の取引行為を行うことを明確にした同意書などを事前に納税者から取得しておきたい。

②　課税要件をみたすと法的に評価される具体的な「事実」の検討

課税要件が特定できれば，次にそれを充たすものと法的に評価されるような「事実」あるいは評価されないような「事実」とは何かを検討することになる。課税要件をみたすと法的に評価される（あるいはされない）直接的な「事実」であったり，課税要件をみたすと法的に評価できる（あるいは評価できない）間接的な「事実」の集まりであったりする。

【獲得目標（立証対象事実）】

ア　法律（課税）要件をみたすと法的に評価される直接的な事実（主要事実）

たとえば定期同額給与の求める「一月以下の一定の期間ごとである給与」「支給額が同額」といった事実などがこれにあたる。

イ　法律（課税）要件をみたすと法的に評価される間接的な事実の集まり

たとえば「不相当に高額」「経営の状況が著しく悪化」といった法的評価を根拠づける事実がこれにあたる。

ウ　ア又はイの事実を推認させる間接的な事実

たとえばアに区分される「退職」の事実を推認させる重要な会議への出席状況，出勤状況，社長室の利用者状況，肩書の利用状況などがこれにあたる。

上記のイ・ウに区分される事実については，どのようなものが該当しうるかにつき曖昧であることもあって，課税庁側から通達やQ&Aの形で一定の指針が示されていることが数多くみられる。納税者に有利な救済的な指針も含まれており，またエビデンスを作成する上でもポイントを示してくれるなど課税庁側のスタンスを示す貴重な指針ゆえ，問題となっている論点についてこのような指針が公表されていないかは前もって必ず確認しておきたい。

特定の事実が一定の課税要件をみたしているかどうかの判断は，税務調査の段階では当局がこれを行うことになるが，紛争化した場合には最終的には裁判官が行うことになる。そのため，当局ならどう判断するか，裁判官であればどう判断するかといった視点ももっておきたい。法令解釈同様，論理的思考力の問われる場面であり，最終的な結論に直結する法的な評価であるため，一般の社会通念・社会常識に基づくバランス感覚も求められる場面といえよう。そのため，欲をいえば，普段から，関連する裁判例のうち，法令へのあてはめにおける事実評価の部分を読み込む作業を行うなどして，このような思考力やバランス感覚（法的センス）を養っておきたいところである。また，実際に作業を進める中で潜在的な課税リスクを感じた場合には，一定の課税要件をみたす，あるいはみたさないと評価されるような事実としてはどのようなものがあるのか，既にこのような能力や感覚にたけた税理士・弁護士等の意見を事前に求めることを，法令解釈同様，お勧めしておきたい。

ところで，法律の初学者においてよくあることとして，「評価」と「事実」の混同がある。「評価」の入っていない客観的な事実を「ナマの事実」ということがあるが，法的三段論法においてはまずは証拠からできるだけ「評価」の入っていない「事実」を認定し，その上で認定された「事実」を法的に評価するという手順を踏む癖をつけておきたい。たとえば，「除外」「水増し計上」「管理」といった言葉は表現者の一定の「評価」が含まれているもので証拠から直接（素直に）認定される「事実」とはいえない。これらの例でいえば「事実」とは次のようなものをいう。

除外	〜は令和○年○月○日の売上金○○円を帳簿に記載しなかった。
水増し計上	〜の令和○年○月○日の接待交際費の領収書には10万円と記載されているが，同日の〜の総勘定元帳の接待交際費勘定には20万円と記載されている。
管理	〜の〜における売上金は，〜におかれた金庫に入れられていた。その金庫の鍵はふたつあり，一つは〜が常に身につけ，もう一つは〜の自宅の机の中のあり，これらを他人に預けたことは一度もなかった。

また，「事実」を認定する際には，できるだけ，いわゆる5W1H（だれが，いつ，どこで，なにを，なぜ，どのように）を意識したものとしておきたい。そのことにより具体的な事実がより明瞭になり，客観性が増すことになる。

③　課税要件をみたす「事実」を立証するのに必要なエビデンス（証拠）作成

課税要件をみたすと法的に評価される（あるいはされない）ような実際に

起こった「事実」を特定したのち，最終段階としてその「事実」を認定するのに十分なエビデンス（証拠）は何かを考えることになる。

「事実」の認定の作業は経験則（経験上，十中八九そのような証拠があればこのような事実があったといえる，といった関係が認められかどうか）に基づいて行われる。科学的な立証ではなく，人間の経験則に基づいた確信のようなものによっている。最終的な「事実」認定の判断は，税務調査段階では課税当局が，税務訴訟においては下級審（地方裁判所と高等裁判所）の裁判官が行うことになるため，当局ならどう判断するか，裁判官ならどうかといった視点はここでももっておきたい。とくに，当局の担当者は，法曹関係者でないことが多いことから，このような担当者であっても経験則に基づいて「事実」を認定してくれるよう，わかりやすい，説得力のあるエビデンスを作成，準備しておくとよい。

具体的にこのようなエビデンスはどのようなものかを考える際には，以下のような裁判実務で行われているエビデンスの証明力についてのルールが参考になる。

裁判実務においては，契約書や遺言書などのそれによって証明しようとする意思表示や法律行為などがその文書によってされたもの（「処分証書」と呼ばれる）は，署名・捺印が間違いなく本人によってなされたものであれば，真正に成立しているものとして推定され（民事訴訟法228条4項），特段の事情がない限り，その記載どおりの事実を認めるべきとされている。

また，捺印につき本人の印鑑でなされていれば，これを他人が勝手に使用することは日本では通常ありえないという経験則から，反証のない限り，事実上本人によってなされたものと推定され，ひいては真正に成立しているものと推定されることになる（「二段の推定」と呼ばれる）。このような推定を覆すには，これを覆したい側が積極的にいずれかの段階の推定を破る証拠を集めて反証を行うことが求められる。そのため，「事実」を認定してもらう上でもっとも効果的なエビデンスは，契約書や遺言書などのそれによって証明しようとする意思表示や法律行為などがその文書によってされたもの（処分証書）で本人の署名・捺印のあるもの，ということができる。

もっとも，処分証書であっても，その推定を覆す証拠がそろっている場合には，その記載内容どおりの事実があったものとは認定されないこともありうることには留意が必要である。たとえば，本人の捺印のある契約書があったとしても，関連資料（受注書，請求書（インボイス），会計帳簿，議事録，稟議書，検討資料，電子メール等）とその記載内容がずれている場合には，当該契約書は仮装だとされることも十分ありうることである。関連資料等と処分証書の内容は整合性のとれたものでなければならない。

以上のような法的三段論法（課税要件事実）を意識したエビデンスの作成は，納税者にとっては一筋縄ではいかない，なかなか困難な作業といえる。そのため，たとえば，次のように段階ごとに一覧にした上で，判明している部分から埋めていくと，その関係性や不足部分がみえてきやすいので，お薦めしたい。

エビデンス作成のポイント

法的三段論法（課税要件事実）

論点	
①　規範（要件）	
②　事実	**エビデンス（証拠）**
③　あてはめ（事実評価）	

(3) 当局側の立場を理解する

法的三段論法を意識してその中で法令解釈（課税要件の定立），証拠評価（事実認定），事実の法的評価（あてはめ）を行うことは，課税当局にとっても，決して簡単な作業ではない。

課税当局も，争点整理表（A 欄が課税要件・B 欄が事実），事実関係時系列表などを用いて，課税要件事実の考え方に基づいて，調査を効率的に進められるよう工夫をしている。納税者も，そのことを念頭において，当局を説得しやすいエビデンスを丁寧に作成し，当該エビデンスによってどういったナマの「事実」があったことを立証しようとしているのか，そのナマの「事実」はどのような法的評価がなされるべきと考えているのか，課税要件はどのようなものと考えているのか，といった点についてまで，セットで説明できるようにしておきたい。

当局を説得するには，まずは当局の目線に立って，税務調査ではなにを確認しようとしているのかを考える必要がある。当局が確認したい主な事項としては，たとえば次のようなものがある。

ア よくあるミス

まずは，納税者が犯しがちなミス（証拠の欠如を含む）をおかしていないか，という点は当局としても確認しておきたいところであろう。納税者としては，この種の頻繁に起きがちなミスを知らないうちに犯していないか，日頃から気を付けておかなくてはならない。エビデンスを作成することは，そのことのチェックにも役立つ。

イ イレギュラーな取引や数値

次に当局が税務調査で確認したい点としては，たとえば，納税者がイレギュラーな取引を行っている場合，あるいは売上や経費，純利益などの数値が大きく変化している場合（異常値が発生している場合）に，何らかの課税漏れがないかといった点が挙げられる。納税者としても，通常とは異なる取引を行ったり，売上等が急に伸びたりしたような場合，税務調査でも普段よりも厳しく当該取引等についてチェックが入り，細かいところまで指摘されやすいことを想定して，エビデンスの作成もそれに合わせて行う必要がある。事業概況説明書や書面添付制度，大規模法人であれば税務に関するコーポレートガバナンス確認等，を活用し，適切な申告を行っていることを前もってアピールしておき，当局が抱くであろう疑問点などを積極的に払拭させる努力を事前に行っておくことも無用な紛争の防止に資することになろう。

Ⅱ　エビデンス作成上の注意点

以上を前提に，エビデンス作成上の注意点を述べる。

（1）立証趣旨の明確化

Ⅰ（2）②で述べたように，エビデンスは漠然と作成するのではなく，最終的にどういうナマの「事実」を認定させたいのか，その獲得目標を定めた上でこれを作成する必要がある。この点は改めて強調しておきたい。その際，そのエビデンスを作成したために，勢いあまって，こちらが最終的に認定してもらいたいナマの「事実」とは別の「事実」が認定されてしまい，逆効果となってしまうリスクがないかも別途検討しておくべきである。

（2）課税要件（規範）が不明確な場合には一定のリスクがあることを認識する

課税要件が租税法等の条文や裁判実務でも不明確で通達等もない場面では，自己の税法解釈に基づいて取引と申告を行わざるをえないことになるが，その際には，同分野の専門の税理士や法廷闘争も見据えて弁護士等に意見書の作成を依頼するなどして一定程度のリスクがあることは割り切った上でこれを行う必要がある。税務リスクを検討した結果として，リスクが大きすぎて計算が立たないものの，熾烈な競争の中で生き残っていくための経営判断としてやはり早急に実行したいというときには，課税当局への事前相談や，税制改正をも視野に入れた関係各省等へのロビー活動等も検討すべきであろう。移転価格税制など企業活動に影響の大きい分野では課税当局側で前もって事前確認制度（APA）などを用意してくれているのであるから積極的に活用したい。

(3) できるだけ証明力の高いエビデンスの作成

ア　処分証書

I (2) ③で述べたとおり，事実認定の裁判実務の考え方に従えば，ナマの「事実」を認定してもらう上でももっとも効果的なエビデンスは，契約書や遺言書などのそれによって証明しようとする意思表示や法律行為などがその文書によってされたもの（処分証書。なお，処分証書については，これよりも広義に定義する説もある）で本人の署名・捺印のあるものである。

もっとも，先述のとおり，処分証書であっても，その推定を覆す証拠がそろっている場合には，その記載内容どおりの事実があったものとは認定されないこともありえ，本人の捺印のある契約書があったとしても，関連資料(受注書，請求書（インボイス），会計帳簿，議事録，稟議書，検討資料，電子メール等）とその記載内容がずれている場合，契約書は仮装だとされることが十分にありうる。そのため関連資料等と処分証書の内容は整合性のとれたものでなければならない。

その際，整合性にこだわるあまり，実態とは異なることを記載することは絶対に控えていただきたい。実態と異なる記載で整合性を図ることは，およそ困難で，どこかで矛盾が生じてきてしまうものである。実態どおりに内容を作成すれば，整合性のあるエビデンスをつくることが容易になる。また，このような方針でエビデンスを作成していれば，たとえば一部のエビデンスにつき実態と異なる内容となってしまった場合でも，その記載が誤りであることを，関係者の証言などで用意に立証しやすいものである。課税当局に少しでも隠ぺいや隠ぺい体質を疑われると，その疑いを晴らすことは相当に困難であることを肝に銘じておきたい。

イ　第三者の関与

利害関係のない，あるいは少ない第三者が作成に関与しているエビデンスの証明力が高いことは容易に理解できるところであろう。一般的には，納税者が単独で作成したエビデンス（議事録，稟議書，決裁書，担当者の手控えなど）よりも第三者が相手方として署名又は捺印等しているエビデンス（契約書など）の方が証明力が強く，第三者のみで作成されたエビデンス（銀行預金残高証明書，債権・債務確認書，積荷保管証明書，領収書など）はさらに証明力が高いということができる。もっとも，第三者が作成しているからといってその内容が常に正しいものとは限らず，納税者側で内容の異なる証拠を提出してその証明力を減殺することは可能である。実際，税務調査では，反面調査で相手方のみで作成された調査報告書が証拠として用いられることが頻繁にみられるが，実際に取引を担当していないものへの聴取で，あきらかに客観的事実と異なる供述をしている，あるいは記載されている内容をよく確認せずに署名していることもまれにみられる。

ウ　業務の過程で継続的につくられる内部資料

納税者が単独で作成するエビデンスであっても，業務の過程で継続的に作成される日報，業務報告書，手帳，手控え，決裁書，帳簿，伝票，メール文書，ファックス記録等は，日々機械的に作成されることが多く，また前後の記録と連続して存在することから虚偽記載を行う可能性が低く，一般に証明力が高いとされている。特に改ざんしにくいフォーマットを用いたもの，多数のものが作成に関与しているものほど，証明力は高くなる。

（4）法定書面では根拠法規の要件もきちんと守り法律行為の無効化を防ぐ

ア　法令遵守

a　法定書面

法律で作成・保存が義務づけられており，記載すべき内容が定められているような書面（法定書面）をエビデンスとして作成する場合には，法令に則り記載すべき内容を網羅した上で，これを作成・保存しておかなければならない。

（ｉ）株主総会議事録

株主総会議事録は会社法により書面又は電磁的記録によって作成することが義務づけられており（会社法318条１項），同施行規則において次のように記載すべき内容が定められている。内容に不備があったとしてもただちに記載内容全体が証拠能力を失うものではないが，法令をきっちりと遵守するというコンプラアンスの観点からは不備なく作成したい。コンプライアンスのしっかりした会社という印象をもってもらうことで，作成するエビデンス全体の信用力も高めることができる。

参考　会社法施行規則

（議事録）

第72条

＜略＞

３　株主総会の議事録は，次に掲げる事項を内容とするものでなければならない。

一　株主総会が開催された日時及び場所（当該場所に存しない取締役（略），執行役，会計参与，監査役，会計監査人又は株主が株主総会に出席をした場合における当該出席の方法を含む。）

二　株主総会の議事の経過の要領及びその結果

三　次に掲げる規定により株主総会において述べられた意見又は発言があるときは，その意見又は発言の内容の概要　＜略＞

たとえば次のような意見又は発言が含まれる。
- 会計参与による会計参与の選任・解任・辞任についての意見の陳述
- 会計参与による計算書類等の作成に関する取締役と異なる意見の陳述
- 会計参与による会計参与の報酬等についての意見の陳述
- 監査役による提出議案の法令違反等の調査結果報告
- 監査役による監査役の報酬等についての意見の陳述
- 監査役による会計に関する議案の調査結果報告

四　株主総会に出席した取締役，執行役，会計参与，監査役又は会計監査人の氏名又は名称

五　株主総会の議長が存するときは，議長の氏名
六　議事録の作成に係る職務を行った取締役の氏名
＜略＞

定時株主総会議事録　サンプル

株式会社○○○○

第○○回定時株主総会議事録

令和○年○月○日午前○○時○○分より，当社（住所○○○）会議室において，第○○回定時株主総会を開催した。

発行済株式の総数	○○○株
株主の総数	○　名
議決権を行使することができる株主の数	○　個
議決権を行使することができる株主が有する議決権の総数	○　個
出席した株主の数	○　名
出席した株主の議決権の数	○　個

出席役員

代表取締役社長	○○　○○（議長兼議事録作成者）
専務取締役	○○　○○
常務取締役	○○　○○
取　締　役	○○　○○
取　締　役	○○　○○
取　締　役	○○　○○
監　査　役	○○　○○

上記のとおり出席があったので，本総会は適法に成立した。当社定款第○○条の規定より代表取締役である○○　○○が議長となり，開会を宣し直ちに議事に入った。

報告事項

第〇〇期（令和〇年〇月〇日から令和〇年〇月〇〇日まで）事業報告の件

議長の指名により，執行役員　〇〇　〇〇が事業報告を行った。

次に各議案の審議に入った。

決議事項

第１号議案　第〇〇期（令和〇年〇月〇日から令和〇年〇月〇〇日まで）
貸借対照表，損益計算書，株主資本等変動計算書等承認の件
＜略＞

第２号議案　剰余金の処分の件
＜略＞

第３号議案　取締役及び監査役の報酬額改定の件
＜略＞

以上をもって本総会の議案全部を終了したので，議長は閉会を宣し，午後〇時〇〇分散会した。上記の決議を明確にするため，この議事録を作成し，議事録作成者が次に記名押印する。

令和〇年〇月〇日　株式会社〇〇　定時株主総会

議　　　　長
代表取締役　〇〇　〇〇　会社届出印
議事録作成者

署名や押印については，取締役会議事録では会社法上「出席した取締役及び監査役」の署名又は記名押印が求められているが（会社法369条３項），株主総会議事録では特に会社法上の規制は設けられていない。もっとも書証としての証明力を高めるという観点からは，法務局に届け出ている代表取締役の印が押されていることが望ましい。

内容面では，株主総会では特別の利害関係を有する株主（たとえば退職慰

労金支給決議の支給対象となっている退任取締役など）も議決権を行使できるが，そのことにより著しく不当な決議がなされたときは決議取消事由となっていることに注意したい（会社法 831 条)。

(ii)みなし株主総会議事録等

株主総会では株主全員の同意によって決議があったものとみなすことができる(会社法319条1項,320条)。みなし取締役会決議と異なり定款で前もってこのことを定めておく必要はない。議案の提案は取締役又は株主がこれを行う。書面で行う必要まではないが証拠化のためには書面で行うことが便宜である。なお,公益・一般社団法人の社員総会や公益・一般財団法人の評議員会もみなし決議については株主総会と同様の取扱いとなっている(提案者は理事あるいは社員又は評議員)。

みなし株主総会提案書　サンプル

令和○年○月○日

株主各位

住所
会社名
代表取締役名

第○期定時株主総会報告及び提案のご通知

拝啓　時下ますますご清栄のこととお慶び申し上げます。

さて,当社第○期定時株主総会の目的事項につきましては下記のとおり会社法第319条第1項及び第320条に基づき,報告及び提案をいたしたいと存じます。

つきましては,下記報告事項及び提案事項の内容をご検討いただき,別紙同意書に記名押印のうえ,令和○年○月○日までにご返送くださいますようお願い申し上げます。

敬具

記

1　報告事項　第○期(令和○年○月○日から令和○年○月○日)事業報告

の内容報告に関する件

報告事項の内容は別紙事業報告書○頁から○頁に記載のとおりであります。

2　提案事項

第１号議案　第○期（令和○年○月○日から令和○年○月○日）計算書類承認の件

第２号議案　取締役の役員報酬決定に関する件

提案事項の内容は別紙に記載のとおりであります。

以上

みなし株主総会　各株主の書面による同意書　サンプル

みなし株主総会決議が成立するためには議決権を行使できる株主全員の同意が必要となる。同意は電磁的記録（電子メール）で得ることでも構わない（会社法319条第１項・320条）。正確な記録化のため同意の対象となった提案事項は必ず特定しておかなければならない。同意書（あるいは同意のなされた電磁的記録）は決議があったとみなされた日から10年間の保存義務がある。

令和○年○月○日

○○株式会社　御中

住所

会社名

代表取締役名

同意書

令和○年○月○日付け「第○期定時株主総会報告及び提案のご通知」にて報告及び提案をいただきました株主総会の目的である下記事項につき，報告事項については株主総会での報告を不要とすることに同意し，また提案事項につきましては原案どおり異議なく同意いたします。

敬具

記

1　報告事項　第○期（令和○年○月○日から令和○年○月○日）事業報告の内容報告に関する件

2　提案事項

第1号議案　第○期（令和○年○月○日から令和○年○月○日）計算書類承認の件

第2号議案　取締役の役員報酬決定に関する件

以上

みなし株主総会議事録　サンプル

みなし株主総会決議についても通常の株主総会決議同様，議事録の作成義務があることに注意したい。

参考　会社法施行規則

（議事録）

第72条

＜略＞

4　次の各号に掲げる場合には，株主総会の議事録は，当該各号に定める事項を内容とするものとする。

一　法第319条第1項の規定により株主総会の決議があったものとみなされた場合　次に掲げる事項

イ　株主総会の決議があったものとみなされた事項の内容

ロ　イの事項の提案をした者の氏名又は名称

ハ　株主総会の決議があったものとみなされた日

ニ　議事録の作成に係る職務を行った取締役の氏名

＜略＞

令和○年○月○日

○○株式会社　第○期定時株主総会議事録

当社第○期定時株主総会の目的事項について，会社法第 319 条第 1 項及び第 320 条の規定による報告及び決議があったものとみなされたので，会社法第 318 条第 1 項の規定に基づき本議事録を作成する。

記

1　株主総会への報告があったものとみなされた事項

第○期（令和○年○月○日から令和○年○月○日）事業報告の内容報告に関する件

2　株主総会での決議があったものとみなされた事項

第 1 号議案　第○期（令和○年○月○日から令和○年○月○日）計算書類承認の件

第 2 号議案　取締役の役員報酬決定に関する件

3　上記 2 の提案者

代表取締役社長　○○　○○

4　株主総会への報告及び決議があったものとみなされた日

令和○年○月○日

5　本議事録の作成に係る職務を行った取締役

取締役　○○　○○　㊞

以上

（iii）取締役会議事録

取締役会議事録も会社法により書面又は電磁的記録による作成が義務づけられており（会社法369条3項・4項），同施行規則において次のように記載すべき内容が定められている。エビデンスとしての信用力をあげるためにも不備なく作成したい。

参考　会社法施行規則

（取締役会の議事録）

第101条

＜略＞

3　取締役会の議事録は，次に掲げる事項を内容とするものでなければならない。

一　取締役会が開催された日時及び場所（当該場所に存しない取締役（略），執行役，会計参与，監査役，会計監査人又は株主が取締役会に出席をした場合における当該出席の方法を含む。）

＜略＞

四　取締役会の議事の経過の要領及びその結果

五　決議を要する事項について特別の利害関係を有する取締役があるときは，当該取締役の氏名

六　次に掲げる規定により取締役会において述べられた意見又は発言があるときは，その意見又は発言の内容の概要　＜略＞

たとえば次のような意見又は発言が含まれる。

・取締役による競業及び利益相反取引についての重要な事実の報告

・会計参与による計算書類等の承認についての意見の陳述

・監査役による取締役の不正の行為等の報告

・監査役による意見の陳述

七　取締役会に出席した執行役，会計参与，会計監査人又は株主の氏名又は名称

八　取締役会の議長が存するときは，議長の氏名

取締役会議事録　サンプル

取締役会議事録

1　開催日時　令和○年○月○日　午前○時から○時○○分
2　開催場所　当会社本社会議室（住所）
3　出席役員　取締役総数○名　出席取締役数○名
　　　　　　なお，取締役○○はテレビ会議により参加した。
　　　　　　監査役総数○名　出席監査役数○名

上記のとおり，取締役全員の出席があり，本会は有効に成立した。

当会社定款○条に基づき，代表取締役○○　○○が議長となり，本日の取締役会はテレビ会議システムによる参加者を含む旨を述べ，出席者が一堂に会するのと同時に適時・的確な意見表明がお互いにできる状態となっていることを確認した上で，開会を宣し，議案の審議に入った。

第１号議案　取締役の報酬額の決定の件
　　＜略＞

議長は以上をもって本日の議事を終了した旨を述べ，閉会を宣した。上記の決議を明らかにするため，議事録を作成し，出席取締役及び監査役が次に記名押印する。

令和○年○月○日
　　　　　　株式会社○○取締役会
　　　　　　住所
　　　　　　　議長・代表取締役社長　○○　○○　印
　　　　　　　　　　　常務取締役　○○　○○　印
　　　　　　　　　　　取　締　役　○○　○○　印
　　　　　　　　　　　監　査　役　○○　○○　印

取締役会議事録では会社法上「出席した取締役及び監査役」の署名又は記

名押印が求められる（会社法369条３項）。なお，監査役については監査の範囲を会計に関するものに限定する旨を定款で定めている場合は，取締役会への出席義務はないため（会社法389条７項・１項，同法383条１項），これに出席せず押印しないことが多い。押印については法務局への届出との関係で，代表取締役の選定が議案に入っている場合には実印（印鑑証明書付き）である必要があるが（ただしこの場合でも従前の代表者が会社届出印を押していれば認印でもよい，そのため従前の代表者が死亡していればこのような取扱いはできない），それ以外の場合は認印で構わない。

内容面では，特別の利害関係を有する取締役は，議決に加わることがそもそもできず（定足数も除外して計算する。会社法369条１項・３項），議長にもなれないと解されていることに注意したい（東京高判平成８年２月８日・公刊物未掲載）。なお，株主総会で定めた枠の範囲内で具体的な各取締役の報酬額を決議する場合には，支給対象となる取締役は特別利害関係を持たないというのが多数説で，これに従えば（よほど慎重を期する場合でない限りこれに従ってよい）対象者をいちいち排除して決議する必要はない。

取締役会議事録は，取締役会の日から10年間，本店に備え置かなければならない（会社法371条１項）。

(iv) みなし取締役会決議等

取締役会では取締役全員の同意と（業務監査権限のある）監査役に異議がないことをもって決議があったものとみなすことができる（会社法 370 条）。ただし定款で前もってこのことを定めておく必要がある。議案の提案は取締役（通常は代表取締役）がこれを行う。書面で行う必要まではないが証拠化のためには書面で行うことが便宜である。なお，公益・一般社団財団法人の理事会もみなし決議については取締役会と同様の取扱いとなっている（提案者は理事（理事長））。

みなし取締役会決議　提案書　サンプル

令和○年○月○日

取締役及び監査役　各位

住所

会社名

代表取締役名

提案書

会社法第 370 条及び当社定款○条の規定に基づき，取締役会の決議の目的である事項について下記のとおり提案します。

取締役におかれましては，提案事項に賛成の場合は，添付の同意書に署名押印のうえ令和○年○月○日までにご提出ください。

また監査役におかれましては，提案に対する異議がない場合には，添付の確認書に署名押印のうえ令和○年○月○日までにご提出ください。

記

提案事項　○○に関する件

(内容説明)

以上

みなし取締役会決議　各取締役の同意書　サンプル

令和○年○月○日

○○株式会社　御中

取締役名

同意書

私は，令和○年○月○日付け提案書にて○○○○代表取締役より提案のあった取締役会の決議の目的である下記事項に同意します。

記

提案事項　○○に関する件

(内容説明)

以上

みなし取締役会決議　各監査役の確認書・同意書　サンプル

令和○年○月○日

○○株式会社　御中

監査役名

確認書

私は，令和○年○月○日付け提案書にて○○○○代表取締役より提案のあった取締役会の決議の目的である下記事項をみなし決議において承認すること，及びその内容につき異議ありません。

記

提案事項　○○に関する件

(内容説明)

以上

みなし取締役会議事録　サンプル

みなし取締役会決議の場合でも議事録の作成・保存義務があり（会社法369条3項，同371条1項等），その記載内容についても法定されている。

参考　会社法施行規則

(取締役会の議事録)

第101条

＜略＞

4　次の各号に掲げる場合には，取締役会の議事録は，当該各号に定める事項を内容とするものとする。

一　法第370条の規定により取締役会の決議があったものとみなされた場合（取締役の決議の省略）　次に掲げる事項

イ　取締役会の決議があったものとみなされた事項の内容

ロ　イの事項の提案をした取締役の氏名

ハ　取締役会の決議があったものとみなされた日

ニ　議事録の作成に係る職務を行った取締役の氏名

＜略＞

令和○年○月○日

取締役会議事録

取締役会の決議の目的である事項につき取締役の全員が同意の意思表示をし，監査役から異議が述べられなかったため，会社法第370条及び当社定款○条の規定により，以下のとおり取締役会の決議があったものとされたので，これを証するため本議事録を作成する。

1　取締役会の決議があったものとされた事項
　○○に関する件（内容説明）

2　上記1の事項を提案した取締役の氏名
　代表取締役○○　○○

3　取締役会の決議があったものとされた日
　令和○年○月○日

取締役全員の同意書がそろった日。ただし全監査役から確認書がそろった日以後に効果が生ずるものとして取り扱う必要がある。

4　議事録の作成に係る職務を行った取締役の氏名
　取締役　○○　○○

令和○年○月○日

代表取締役　○○　○○　㊞
取締役　○○　○○　㊞
取締役　○○　○○　㊞
監査役　○○　○○　㊞

以上

みなし取締役会決議の場合，取締役・監査役の署名・記名押印までは求められていない。ただし実務上は同人らが議事録の内容を確認したことを証するため，各人の同意書の保存に加えて，これを行うことが多い。

こちらを法令（会社法や会社法施行規則など），定款，内部規則どおりにきっちりと記載し，法令が求める保存期間分（株主総会議事録・取締役会議事録は開催日より10年間本店での備え置き義務がある。会社法318条2項）は最低限保存していることで，法令を遵守するしっかりとした会社であることを当局にも印象づけることができる。

中小企業等の場合，持ちまわり決議などで決定を行うことも多いが，みなし決議によって法人の意思決定を行う場合には，通常の決議とは異なる手続きと議事録が必要となることから，注意が必要である。みなし取締役会議事録は定款にこれができることの定め必要であるため，まずは定款にきちんとこのような定めを設けているかを確認したい。

b　内部規則で作成を義務づけた書面

法令では定められていない会議録についても，自身の作成した定款や内部規則などで自らに作成を義務づけている場合には，そこで定めた手続きと内容（参加者，作成権者，記名押印捺印等の形式面など）にのっとり作成し保存することで，業務性の高い文章としてそのエビデンスとしての証明力をあげることができる。

c　内部規則はないが慣例的に作成している書面

内部規則までは存在しないが，慣例的に作成している決裁書や会議録についても，法定書面に準ずる形で5W1Hを明確にし，毎回同じフォーマットでこれを作成し続けることで恣意性の低いもの，すなわち証明力の高いものとすることができる。

イ　実態にあった内容に

形式面は法令どおりに作成されていたとしても，たとえば他の証拠から議事録等に記載された時間帯では会議に出席することが考えられない者がこれに参加し賛同したといった記載があると，その余の記載も虚偽記載である，あるいは定足数をみたさない会議であったとして，決議自体なかったものとされ，それに基づく取引自体は違法で無効なものであったものと主張されるリスクがある。同族会社で特に反対者がいないような場合であっても，実際には会議がなされていないにもかかわらずとりあえず体裁を整えるためにこれがあったかのようにみせるようなことはやめて，きちんと実態にそったものを作成する必要がある。なお，税理士が内容虚偽の議事録を作成し，真実に反する申告書を作成すると，懲戒処分の対象となりうることも肝に銘じておきたい（たとえば根拠資料として内容虚偽の取締役会議事録を作成し，真正の事実に反する申告書を作成した行為につき，税理士法第45条第1項等に反するとして税理士業務の禁止の懲戒処分がなされ，これを是認したものとして東京地判令和4年3月29日・公刊物未掲載がある）。

（5）**税務上の効果を意識した記載内容とすること**（取引の経緯・理由・根拠の記載）

エビデンスを作成する際には，それによって証明したい「事実」，最終的な獲得目標を念頭においてこれを作成する必要があるが，ただその「事実」があったことだけを記載するのではなく，その「事実」が発生した経緯，法律行為を行った場合にはその理由，税務上の処理を行った場合にはその法令上の根拠まで記載すると，エビデンスとしての価値，それのもつ証明力が格段にアップする。たとえば，株主総会議事録や取締役会議事録では，会社としてこのような重大な決議をなすにいたった経緯と理由，議事の経過（意思決定の過程）についても記載し，税務上の処理を伴う場合にはその根拠となる法令や解釈（会社としての見解）を明記しておくとよい。特に税務調査で問題となりそうな論点にかかわるものについては，会議の開催にあたって別途事務局側で詳細な説明資料を用意しておき，決議後は議事録に添付し保存しておくと，税務調査で指摘を受けた場合に迅速に対応しやくなる。

Ⅲ　エビデンス提出のタイミング

作成したエビデンスは税務調査の際に適宜提出ないし開示することとなる。作成し保存していたエビデンスを，求められていないにもかかわらず，調査の冒頭ですべて提出する必要まではない。むしろ特定の項目について通常は提出しないようなエビデンスを積極的に提出すると，かえってこの項目についてはやましいことがあるのではないかと詮索されかねない。

もっとも，申告書の内容どおりであれば当然に残っているであろう最低限のエビデンスについては積極的に冒頭ですべて提出することを検討してもよい。特に当局から指摘されやすい項目については，調査官から，事実は違うのではないか，事実の法的評価に誤りがあるのではないかと疑われないことがまずもって重要である（A)。納税者としては，この種のエビデンスを調査の初期の段階で積極的に開示，提出することでこのような疑いを払拭することができる。

その上で，最低限のエビデンスを提出したにもかかわらず申告書の内容につき疑われてしまった場合には問題が大きくなる前に，その疑いを晴らすために事前準備しておいたより丁寧な根拠資料を積極的かつ迅速に提出することで無用な紛争化の防止につなげることができる（B)。

A　あるべき最低限の資料の作成・保存（疑われないためのエビデンス）
B　疑いを晴らすための根拠資料の準備（疑いを晴らすためのエビデンス）

このように税務調査でのエビデンス提出のタイミングについても，エビデンスの種類・内容に応じて区別して考えると，より効果的な使い方ができる。

以上，法人税を中心に税務調査でよく問題となる具体的な場面・論点ごとにエビデンス作成上の留意点等につき述べてきた。実際のエビデンスの作成場面では，作成者一人一人が第１部の留意点等と第２部の総論を意識しながら自分の頭で考え，個別具体的な事情に即してエビデンスを作成することとなる。本書が，税務調査で効果的なエビデンスを作成し活用する上での一助となれば幸いである。

〈著 者 紹 介〉

西中間　浩　（にしなかま　ひろし）

弁護士。
主な取扱い分野は，税務，企業法務，事業承継，相続。
【学歴・職歴】
1997年　東京大学卒業
2006年　東京大学法科大学院修了
1997年～2001年　外務省
2011年～2022年　鳥飼総合法律事務所（2020年よりパートナー）
2023年～PwC弁護士法人
【主要著書】
「新・実務家のための税務相談（民法編）」「新・実務家のための税務相談（会社法編）」（共著　有斐閣）
「債権法改正と税務実務への影響」（税務研究会出版局）
「新・事業承継税制の活用と落とし穴平成30年度税制改正」（新日本法規出版株式会社）
「日本一やさしい税法と税金の教科書」（日本実業出版社）

著者との契約により検印省略

2023年3月15日　初　版　発　行　　**税務調査をみすえたエビデンスの作り方・残し方**

著　　者　西　中　間　浩
発 行 者　大　坪　克　行
印 刷 所　美研プリンティング株式会社
製 本 所　牧製本印刷株式会社

発 行 所　東京都新宿区 下落合2丁目5番13号　株式会社　税 務 経 理 協 会

郵便番号 161-0033　振替 00190-2-187408　電話 (03) 3953-3301（編 集 部）
FAX (03) 3565-3391　(03) 3953-3325（営 業 部）
URL　http://www.zeikei.co.jp/
乱丁・落丁の場合はお取替えいたします。

ISBN978-4-419-06896-7　C3034